Hiperfoco

Chris Bailey

Hiper foco

Como trabalhar menos e render mais

Tradução
Petê Rissatti

Benvirá

Título original: *Hyperfocus – How to Manage Your Attention in a World of Distraction*

Preparação Alyne Azuma

Revisão Vivian Miwa Matsushita

Diagramação Eduardo Amaral

Capa Adaptada do projeto gráfico original britânico

Ilustrações Chris Bailey e Sinisa Sumina

Impressão e acabamento Ricargraf

Dados Internacionais de Catalogação na Publicação (CIP)
Angélica Ilacqua CRB-8/7057

Bailey, Chris
  Hiperfoco: como trabalhar menos e render mais / Chris Bailey; tradução de Petê Rissatti. -- São Paulo: Benvirá, 2019.
  256 p.

Bibliografia
ISBN 978-85-5717-304-0
Título original: *Hyperfocus: How to Manage Your Attention in a World of Distraction*

1. Produtividade 2. Administração do tempo 3. Distração (Psicologia) 4. Atenção I. Título II. Rissatti, Petê

19-0347

CDD 153.733
CDU 159.952

Índices para catálogo sistemático:
  1. Atenção : Foco

1ª edição, abril de 2019 | 9ª tiragem, fevereiro de 2024

Todos os direitos reservados à Benvirá, um selo da Saraiva Educação.
Av. Paulista, 901 – 4º andar
Bela Vista – São Paulo – SP – CEP: 01311-100

SAC: sac.sets@saraivaeducacao.com.br

CÓDIGO DA OBRA 644492   CL 670875   CAE 646763

Para Ardyn

Sumário

Capítulo 0

POR QUE O FOCO IMPORTA

A atenção está em todos os lugares

Estou escrevendo estas palavras ao som de talheres batendo e conversas abafadas em um pequeno café em Kingston, Ontário, no Canadá.

Sempre adorei observar as pessoas. Há tanto em que reparar: como se vestem, andam, conversam e agem quando estão perto de outras pessoas ou sozinhas. Em um restaurante lotado, ou em um café como este, é divertido ver personalidades colidindo como se fossem partículas em um acelerador; observar a mudança na personalidade de um rapaz quando ele para de conversar com um amigo e começa a trocar ideias com a garçonete; ver como a personalidade dos garçons muda quando servem cada mesa, adaptando-as a famílias grandes, a jovens casais.

Ao focar em outras pessoas, faço muitas observações sobre aquilo em que elas estão *focadas*. A todo o momento, estamos com o foco em *alguma coisa*, mesmo se estamos apenas absortos em pensamentos. Vamos usar este café como exemplo.

Volto minha atenção a duas garotas de mais ou menos 20 anos na mesa à minha esquerda, que passam grande parte do tempo focadas em seus smartphones, e não uma na outra. Entre rajadas de mensagens, elas deixam o telefone com a tela virada para baixo sobre a mesa. Isso, ao que parece, é um gesto bastante inútil – elas pegam os aparelhos 30 segundos depois. Embora eu não consiga identificar cada palavra, posso dizer que estão pairando na superfície da conversa que podiam ter. Estão na companhia uma da outra, mas a atenção delas está em outro lugar.

Vejamos o casal do outro lado do salão. Eles estão absorvidos em uma conversa regada a café quente e panquecas com creme. Estavam jogando conversa fora, em voz baixa, quando chegaram, mas logo essa conversa ficou mais animada. Diferentemente das garotas, os dois estão focados apenas um no outro desde que se sentaram.

Uma música grudenta de Ed Sheeran sai dos alto-falantes do café, e dois rapazes sentados algumas mesas à frente do casal chamam minha atenção. Um deles bate a ponta do pé sutilmente para acompanhar o ritmo enquanto o amigo faz os pedidos. O que bate o pé provavelmente está com a atenção dividida entre três coisas: a música, aquilo que o amigo está pedindo e sua decisão sobre o que pedir de café da manhã. Depois de escolher o prato Three Egg Express, quando o atendente pergunta como ele gostaria que os ovos fossem preparados, ele volta sua atenção para dentro, parecendo recordar como gosta deles em geral. E pede ovos mexidos.

No balcão há alguns desconhecidos batendo papo enquanto assistem aos destaques do futebol americano da noite anterior. Acho especialmente fascinante ver que milhões de pessoas ao redor do mundo, inclusive esses três caras, são fixadas em um pedaço de couro curtido de quase 28 centímetros de comprimento, a bola de futebol. Enquanto observo, um dos rapazes inclina a cabeça, perdido em pensamentos. Então, como se uma onda de choque percorresse seu corpo, ele se apressa em anotar uma ideia em um caderninho que tira do bolso. Embora estivesse sonhando acordado, e ligado nos destaques do futebol, do nada um insight o acometeu. Ele teve um momento "eureca".

Vamos agora olhar para mim, sentado aqui com meu notebook. Nesta manhã, enquanto bebericava café e beliscava uns pãezinhos, consegui me concentrar mais profundamente no trabalho e tive mais energia para gastar. Minha meditação matutina talvez tenha ajudado – acho que sou capaz de escrever mais palavras quando faço esse ritual (40% mais, pelos meus cálculos). Deixo o celular em casa para poder escrever sem distrações, e assim minha mente consegue descansar durante a caminhada até o café e divagar. Como abordarei mais tarde, desconectar-se é uma das maneiras mais poderosas de gerar ideias novas e inovadoras. A música que toca nos alto-falantes é do tipo que gruda nos ouvidos, mas não o suficiente para me distrair. Porém, não estou aqui pela trilha sonora; escolhi este café específico, e não meu café favorito, porque aqui não tem Wi-Fi – a conectividade constante é uma das piores perturbações para nosso foco e nossa produtividade. Como os últimos parágrafos demonstram, fico um pouco distraído com o ambiente e as pessoas que ele abriga, mas eles estão servindo como um bom material para esta introdução.

A cena do café é um exemplo útil de uma revelação que tive um tempo atrás: a atenção está ao nosso redor o tempo todo. Assim que você a vê, não consegue deixar de vê-la. Todo mundo que está acordado no planeta neste momento – não importa se esteja tomando café, trabalhando ou passeando com a família – está focado em alguma coisa. A atenção é o pano de fundo sobre o qual levamos a vida, independentemente de onde vamos ou do que fazemos, mesmo que estejamos apenas analisando pensamentos em nossa cabeça.

* * *

Já faz alguns anos que comecei a explorar não apenas como podemos melhorar nosso foco, mas também como pensar mais claramente. Embora seja difícil admitir, sobretudo sendo alguém que ganhava a vida como "especialista em produtividade", comecei a perceber minha distração cada vez maior, principalmente enquanto acumulava mais dispositivos. Eu nunca me sentira tão ocupado, mesmo fazendo tão pouco. Eu ficava constantemente inquieto com o tédio e a falta de estímulo, e tentava encaixar cada vez mais coisas em todo momento possível. Sabia que meu cérebro nunca funcionava bem quando eu tentava ser multitarefa, mas me sentia obrigado a sê-lo de qualquer forma. Trabalhar com meu cliente com o e-mail aberto e meu smartphone sobre a mesa era simplesmente mais atraente do que tentar me concentrar em uma ou duas coisas simples. Para mim, este livro nasceu de uma necessidade: eu o escrevi porque precisava dele.

Quando fico empolgado com uma nova ideia, costumo encomendar dúzias de livros sobre ela e mergulhar nas pesquisas de internet sobre o tema. O foco é meu fascínio mais recente, o que inclui como administrar melhor as distrações ao redor; como ser multitarefa de forma mais eficiente, se é que isso é possível (e é); combater nossa vontade de nos concentrar em tarefas que nos fazem procrastinar; e *desfo*car melhor para podermos realmente relaxar e recarregar as baterias. Em minhas leituras, encontrei uma porção de informações – conselhos (com frequência contraditórios) que eram divertidos de ler, mas, no fim das contas, não me ajudaram a avançar no trabalho e na vida.

Então, me dediquei à pesquisa científica de verdade – quantidades imensas de estudos acadêmicos e décadas de documentação dedicadas a descobrir a melhor maneira de nos concentrar.[1] Enquanto eu lia cuidadosamente todos os estudos que encontrava, a pasta "Foco" no meu computador ia ficando gigantesca. Acumulei dezenas de milhares de palavras em anotações e passei a identificar as lições mais práticas e táticas delas. Comecei a conversar com os principais pesquisadores

---

1. Mais fácil falar do que fazer quando se trata de ler um trabalho científico de cabo a rabo, mas é bem razoável quando você tem interesse no assunto. Curiosamente, pesquisas mostram que o que nos leva ao foco quando estamos lendo não é a complexidade de um trabalho ou artigo, é quanto estamos *interessados* naquilo que lemos.

de atenção do mundo para chegar ao motivo pelo qual nos distraímos tão facilmente e descobrir como podemos fazer nossa mente teimosa se concentrar em um mundo de distrações. Comecei também a vivenciar a pesquisa, ver se era realmente possível assumir as rédeas do meu foco.

O que descobri mudou completamente não apenas o modo como trabalho, mas também como levo a vida. Comecei a ver o foco não apenas como uma contribuição à minha produtividade, mas também como um fator em meu bem-estar geral. Foi surpreendente saber que uma das melhores práticas para incentivar a criatividade e a produtividade é aprender a *des*focar. Ao não prestar atenção em nada específico e deixar a mente divagar – como fiz no caminho até o café em Kingston –, percebi que comecei a fazer conexões melhores entre as ideias, além de lidar melhor com as ideias novas que surgiam.

Também descobri que temos mais distrações hoje do que tivemos em toda a história da humanidade. Estudos mostram que conseguimos trabalhar durante uma média de *apenas 40 segundos* na frente do computador antes de nos distrairmos ou sermos interrompidos. (Nem preciso dizer que fazemos melhor nosso trabalho quando nos dedicamos a uma tarefa por muito mais que 40 segundos.) Se antes eu via a multitarefa como um atalho para estimular o trabalho, depois de minha pesquisa passei a considerá-la uma armadilha para interrupções contínuas. Embora tentemos cumprir mais tarefas simultaneamente, somos impedidos por nós mesmos de terminar qualquer tarefa de importância. E começamos a notar que, ao nos concentrarmos profundamente em uma coisa importante por vez – hiperfocar –, nos tornamos a versão mais produtiva de nós mesmos.

Acima de tudo, comecei a enxergar a atenção como o ingrediente mais importante que podemos adicionar para aumentar nossa produtividade, nossa criatividade e nossa felicidade – no trabalho e em casa. Quando investimos nossa atenção limitada de forma inteligente e deliberada, nos concentramos de maneira mais profunda e pensamos de forma mais clara. É uma habilidade essencial no mundo de hoje, quando com muita frequência estamos em ambientes distrativos, fazendo um trabalho intelectual pesado e cerebral.

Este livro funciona como um passeio guiado por minhas explorações sobre o assunto "foco". Não vou compartilhar apenas as coisas fascinantes que aprendi, mas também mostrar como realmente pôr essas ideias em prática na sua vida (eu testei todas elas). A pesquisa em produtividade é ótima, mas muito inútil quando você não age de acordo com ela. Nesse sentido, vejo *Hiperfoco* como uma espécie de livro de "ciência-ajuda": ele explora as fascinantes pesquisas que mostram como as pessoas se concentram, mas também leva esses conhecimentos ao seu cotidiano, abordando maneiras de administrar melhor sua atenção a fim de aumentar sua produtividade e sua criatividade. Essas ideias já mudaram uma vida (a minha), e sei que podem fazer o mesmo por você. À primeira vista, os resultados podem parecer um pouco como mágica, mas deixa de ser mágica no momento em que você descobre como ela é feita.

COMO FOCAR MELHOR NESTE LIVRO

Ler este livro é a sua primeira chance de colocar seu foco à prova – e, quanto mais atenção você puder dedicar a ele, mais extrairá do tempo gasto com ele. Vamos começar com uma observação prática contendo sete maneiras de se concentrar mais profundamente durante a leitura.

Mas, primeiro, um comentário rápido. Uma das principais coisas que aprendi com a minha pesquisa é que a produtividade é altamente pessoal. Todos temos conexões únicas e rotinas diferentes. Como resultado, nem todas as táticas de produtividade combinam de modo confortável com sua vida. Sem falar no fato de que você pode simplesmente *não querer* seguir alguns dos conselhos que dou aqui. Experimente o máximo possível essas táticas de foco e adote as que funcionarem para você.

1. Coloque seu telefone longe do seu campo de visão

Quando sua mente estiver resistindo *um pouco* a uma tarefa, ela vai procurar coisas mais novas em que se focar. Nossos smartphones são um grande exemplo – eles oferecem uma corrente infinita de informações fragmentadas e deliciosas para nosso cérebro consumir.

Como vou discutir adiante, é infinitamente mais fácil lidar com as distrações e interrupções antes de elas se tornarem uma tentação. Comece a ver seu smartphone como ele realmente é: um buraco negro da produtividade. Para se concentrar neste livro, recomendamos que você deixe seu aparelho em outro ambiente. Pode levar alguns minutos até que seu cérebro se ajuste ao fato de não ter o celular por perto, mas, acredite, vale a pena enfrentar essa resistência inicial com obstinação. Dependência não é saudável de jeito nenhum: inclusive a dependência de dispositivos viciantes, brilhantes e retangulares.

> **Veja um experimento divertido para mergulhar mais a fundo nessa ideia:** durante um ou dois dias, preste atenção ao número de vezes que você instintivamente pega o celular. Como está se sentindo e o que incita você a pegá-lo? Está tentando se distrair durante uma viagem de elevador? Está evitando uma tarefa chata, como atualizar seu orçamento trimestral? Ao notar as vezes em que costuma pegar o celular, você vai perceber a que tarefas resiste mais e como está se sentindo nesses momentos.

2. Observe seu ambiente

Olhe para a frente e ao seu redor: onde você está lendo este livro? Qual a probabilidade de se distrair ou ser interrompido enquanto lê? Esse é um lugar aonde você pode ir para evitar distrações? Ou está lendo em um ambiente sobre o qual não tem muito controle, como no trem ou no metrô?

Modificar seu ambiente é uma das melhores maneiras de cultivar o foco. Os ambientes mais favoráveis ao foco são aqueles onde você tem o mínimo de interrupções e distrações. Se possível, vá até um desses lugares, seja ele um café na sua rua, uma biblioteca ou um cômodo mais silencioso em sua casa.

3. Faça uma lista de distrações

As distrações sempre estarão presentes, mesmo se conseguir encontrar um lugar para ler em um jardim zen japonês sem o celular por perto. As distrações externas não são as únicas culpadas – pense nas distrações que podem vir de dentro, como seu cérebro avisando que você precisa passar no supermercado.

Sempre que preciso me concentrar, adoto as duas táticas mencionadas acima – além de levar uma caneta e uma caderneta comigo. Na caderneta anoto cada distração que vem à minha mente – coisas cujo andamento preciso acompanhar, tarefas que não posso esquecer, novas ideias e assim por diante.

Ao manter uma lista de distrações enquanto lê, você vai capturar coisas importantes que flutuam na superfície de sua consciência. Escrevê-las para garantir que não escapem vai permitir que você se concentre na tarefa atual.

4. Pergunte-se se vale mesmo a pena ler este livro

Consumimos um monte de coisas por hábito, sem questionar seu valor, inclusive livros.

Tire um tempo para sopesar o sentido de seu consumo diário. Uma tática que acho útil é dar uma olhada nas descrições de livros, programas de TV, podcasts e tudo o mais e ver se são "persuasivos" a ponto de valerem seu tempo e sua atenção. Faça a si mesmo a seguinte pergunta: depois de consumir um desses produtos, você ficará feliz por ter investido seu tempo e sua atenção nele?

Assim como você é o que você come, você é aquilo em que presta atenção. A atenção é finita, e é o ingrediente mais valioso que você tem para viver uma boa vida; então, garanta que tudo o que você consome vale a pena. Como vou comentar com mais profundidade adiante, ter consciência daquilo que você consome pode lhe economizar *horas* todos os dias.

5. Consuma um pouco de cafeína antes de ler

Se não estiver muito tarde – pois a cafeína leva de oito a catorze horas para ser metabolizada e sair do organismo –, considere tomar uma xícara de café ou chá enquanto lê.

A cafeína fornece um aumento inestimável de foco, e, embora em geral você tenha que dar conta dessa energia mais tarde enquanto a substância é metabolizada e eliminada do organismo, com frequência esse custo vale a pena. A cafeína melhora o desempenho físico e mental em praticamente todos os jeitos mensuráveis (leia mais na página 219). Use esse aumento de energia sabiamente para cumprir uma tarefa importante ou ler este livro.

6. Tenha por perto uma caneta ou um marca-texto

Há duas maneiras de consumir informações: passiva e ativamente.

Um de meus (muitos) hábitos que incomodam minha noiva é que eu rasgo a primeira página de todo livro para usar como marcador de página. (Ela diz que é um sacrilégio; eu digo que há mais cópias do mesmo livro na loja.) Esse é apenas o início da carnificina; também leio com um marca-texto e uma caneta na mão para poder marcar o livro enquanto leio. O número de destaques e notas nas páginas indica quanto gostei do livro. Quando termino a primeira leitura, repasso o livro uma segunda vez, relendo apenas as partes marcadas para poder realmente processar os trechos mais valiosos. Se der, eu ainda incomodo alguém que esteja por perto para compartilhar esses pedacinhos, assimilando tudo de novo de um jeito mais profundo.

Espero que, ao ler *Hiperfoco*, você faça muitas anotações e grifos, tirando as melhores ideias destas páginas e levando-as até sua mente para ampliá-las e fazer uso delas mais tarde. Se eu tiver feito um bom trabalho na escrita, você fará uma grande quantidade de notas. (Por favor, envie-me uma foto de sua obra de arte concluída, eu adoraria vê-la. Meu e-mail e outras formas de entrar contato comigo estão no fim do livro.)

7. Quando você perceber seu foco vacilando...

Sua capacidade de focar não é ilimitada. Embora você possa melhorar a duração de sua atenção, é apenas uma questão de tempo até que ela comece a vacilar. Isso em geral se dá quando sua mente divaga para longe das palavras da página até os pensamentos em sua cabeça. É perfeitamente normal e humano – e, como veremos mais adiante, essa divagação pode ser bastante poderosa quando bem aproveitada.

Por ora, quando você perceber seu foco diminuindo, deixe o livro de lado por alguns minutos para fazer algo relativamente mecânico, seja lavar pratos, observar pessoas ou limpar a casa. Dessa forma, você vai efetivamente recarregar sua atenção. Quando seu foco tiver sido reposto, volte ao livro com a mente renovada. E, assim como você está criando uma lista de distrações enquanto lê, não deixe de ter um lugar para captar ideias que venham à mente durante a pausa.

PARTE I

HIPERFOCO

Capítulo 1

SAIA DO PILOTO AUTOMÁTICO

Piloto automático

Neste momento, há uma boa chance de seu foco estar neste livro. Mas como você chegou até aqui?

Olhando para os livros da minha biblioteca, vejo que soube da maioria deles por meio de recomendações de amigos, de entrevistas de podcast com os autores ou por ter adorado um livro semelhante. A maioria de nós não pensa deliberadamente em qual aspecto da vida queremos melhorar antes de escolher um livro que vai nos ajudar a abordar a questão. Muitas vezes chegamos a essas decisões de leitura por uma confluência de eventos.

Vejamos, por exemplo, o último livro que li. Um dia eu estava em um táxi e o motorista ligou o rádio, então ouvi uma entrevista com o autor. Mais tarde, um amigo tuitou sobre esse livro duas vezes. Esse acúmulo de menções me levou à decisão final de comprá-lo. O processo como um todo não foi nada deliberado.

Não planejar em pormenores tudo o que fazemos e cada decisão que tomamos é, em grande parte, uma coisa boa. Tomei uma série de decisões relacionadas à compra de muitos de meus livros no piloto automático. É ele que permite que acompanhemos as demandas da vida. Por exemplo, imagine se cada resposta de e-mail exigisse que você fizesse um rascunho do texto em um novo documento do Word. A partir daí, você teria que reler várias vezes, enviá-lo ao seu colega para melhorias e imprimi-lo uma ou duas vezes a fim de fazer uma revisão, para só então chegar, várias horas depois, a um final e eloquente "Ótimo, me parece bom!". Talvez seja produtivo fazê-lo em um projeto importante, mas para todos os e-mails? Imagine precisar de tanta ponderação para comprar ketchup, tirar o lixo ou escovar os dentes?

O piloto automático nos guia em ações como essas, e algo como 40% de nossas ações são hábitos que não deveriam exigir deliberação consciente. A menos que você seja um monge ou uma freira e tenha o luxo de poder meditar o dia todo, é impossível viver de forma intencional 100% do tempo.

No entanto, *vale a pena* tomar algumas decisões deliberadamente. A forma como administramos nossa atenção é uma delas.

Em geral, administramos nossa atenção no piloto automático. Quando recebemos um e-mail do chefe, instintivamente paramos o que estamos fazendo para responder a ele. Quando alguém posta uma foto nossa on-line, verificamos como estamos, em seguida clicamos para ler o que a postagem diz sobre nós. Quando estamos falando com um colega de trabalho ou com a pessoa que amamos, automaticamente nos concentramos na formação de respostas inteligentes na nossa cabeça antes que ele ou ela termine seu pensamento. (Uma das habilidades mais subestimadas: deixar que outras pessoas terminem as frases antes de iniciar a sua.)

Vejamos um exercício simples, que vai tomar 30 segundos do seu tempo. Encontre uma resposta sincera para a seguinte pergunta: durante o dia todo, quantas vezes você *escolheu* em que se concentrar? Em outras palavras, mais ou menos quanto de seu tempo foi gasto deliberadamente e com intenção, decidindo antes o que fazer e quando fazer?

A maioria das pessoas não lida muito bem com as respostas. Levamos vidas agitadas e, em geral, só às vezes escolhemos intencionalmente nos concentrar em algo – quando nos pegamos divagando, quando sentimos que estamos procrastinando, quando caímos na armadilha de entrar diversas nos mesmos aplicativos ou websites ou quando percebemos que nos distraímos enquanto vigiamos nossos filhos.

Depois de sair do piloto automático, consideramos o que realmente deveríamos estar fazendo e nos esforçamos para realinhar os neurônios e nos concentrar no que interessa.

Embora o piloto automático possa nos ajudar a manter o ritmo de trabalho e de vida, a atenção é o nosso recurso mais limitado e restrito. Quanto mais intenção tivermos ao administrar nossa atenção, mais foco, produtividade e criatividade iremos adquirir.

Um dia no piloto automático

Os ambientes onde vivemos e trabalhamos infelizmente têm uma agenda própria que exige nossa atenção e nos bombardeia com alertas, notificações, bipes e vibrações. Esse fluxo constante de interrupções nos impede de mergulhar em qualquer coisa de modo adequado; afinal, não passa tanto tempo até que chegue o próximo e-mail que parece urgente.

Se você ainda está aqui, provavelmente está se concentrando melhor que uma pessoa comum. A leitura de um livro exige boa dose de atenção – e, com a atenção transformando-se em mercadoria rara, poucas pessoas são capazes de se dedicar à leitura sem distração. Mas vale a pena fazer uma pergunta rápida: quanto de sua atenção você está direcionando a este parágrafo neste momento? Está com 100% de atenção nele? 85%? 50%? Como seu nível de foco mudou ao longo do tempo, especialmente quando passou de um ambiente para outro? Com que frequência sua mente tem divagado das palavras desta página para os pensamentos em sua cabeça, seus olhos pairando sem foco até você se flagrar nessa situação e retornar à leitura?[2] Até mesmo os leitores mais experientes e focados sofrem episódios de divagação.

Ter dificuldade para focar em algo não é nada raro. Há inúmeros exemplos diários de como temos pouco controle sobre nossa atenção no dia a dia. Vejamos os seguintes exemplos:

- Nossa mente se recusa a desligar quando estamos deitados na cama à noite. Enquanto muitos de nós queremos dormir porque temos coisas para fazer de manhã, nossa mente insiste em repassar o dia todo.
- Nossa mente traz lembranças embaraçosas nos piores momentos possíveis. De onde é que vêm esses pensamentos?
- Ideias e insights incríveis surgem quando nossa mente está divagando durante o banho, mas os mesmos insights não chegam quando mais precisamos deles.
- Nós esquecemos o motivo que nos levou à cozinha ou ao quarto. Por que perdemos de vista nossa intenção original?
- Não conseguimos nos concentrar em algo quando queremos – como escrever um relatório que não tem prazo definido. Ou procrastinamos e nos concentramos em coisas que não são produtivas, em vez de gastar nosso tempo de forma produtiva.
- À noite, na cama, nós nos flagramos pulando de um aplicativo para o outro em nosso smartphone, verificando atualizações repetidas vezes até sairmos desse transe. Podemos cair em um percurso impensado semelhante na internet – alternando entre mensagens instantâneas, sites de notícias e redes sociais.

---

2. Curiosamente, pesquisas mostram que nossos olhos de fato registram a página mais devagar quando nossa mente está divagando – nossos olhos e nossa mente estão "fortemente acoplados". Ter consciência de quando sua capacidade de registrar as palavras diminui vai ajudar você a impedir esses episódios de divagação com mais facilidade. Avanços futuros em tecnologia talvez permitam que tablets e e-readers flagrem nossos episódios de divagação antes mesmo de nós.

- Somos incapazes de parar de nos preocupar com certas coisas até que estejam resolvidas ou desapareçam no ar.

Enquanto você lê *Hiperfoco* e aprende a se concentrar de forma mais deliberada, esses lapsos vão fazer muito mais sentido, e você vai descobrir maneiras de evitá-los.

Os quatro tipos de tarefa

Em muitos aspectos, administrar sua atenção é como escolher o que assistir na Netflix. Quando entra no site, você chega a uma página inicial que destaca apenas alguns dos muitos programas disponíveis. A página inicial da plataforma é como uma bifurcação na estrada – só que, em vez de apenas dois caminhos para seguir, há milhares. Alguns desses caminhos vão deixá-lo feliz, alguns vão entretê-lo de forma despreocupada, e outros vão lhe ensinar algo útil.

Decidir em que concentrar nossa atenção revela uma bifurcação semelhante na estrada – só que os caminhos levarão a inúmeras coisas sobre as quais podemos escolher nos concentrar. Agora você está com a concentração toda neste livro. Mas, se tirar os olhos desta página ou de seu *e-reader*, verá muitos objetos de atenção alternativos. Alguns são mais significativos e produtivos que outros. Concentrar-se neste livro provavelmente é mais produtivo que se concentrar em seu smartphone, na parede ou na música de fundo. Se estiver almoçando com um amigo ou uma amiga, concentrar-se nele ou nela é infinitamente mais gratificante do que ver os destaques do futebol na televisão ao fundo.

Se você contar todas as coisas do seu ambiente externo que potencialmente poderiam captar sua atenção, na verdade haverá um número gigantesco de opções. E isso sem contar as curiosidades, ideias e lembranças na sua cabeça.

Esse é o problema de administrar a atenção usando o piloto automático. As coisas mais imediatas e estimulantes em seu ambiente raramente são as mais importantes. É por isso que desligar o piloto automático é tão fundamental. **Direcionar sua atenção ao objeto mais importante de sua escolha – e, em seguida, manter essa atenção – é a decisão mais significativa que você vai tomar durante o dia todo. Somos aquilo em que prestamos atenção.**

Para entender todas as coisas que pedem nosso foco, é útil dividir nossas tarefas em categorias. Vou discutir o foco aqui, em grande parte, no que se refere ao trabalho, mas essas regras se aplicam também à vida dentro de casa, como várias seções posteriores do livro vão explicar.

Ao classificarmos aquilo em que vamos nos concentrar, devemos nos ater a dois principais critérios: se uma tarefa é produtiva (você obtém muito ao cumpri-la) ou improdutiva, e se uma tarefa é atraente (divertida de se fazer) ou pouco atraente (chata, frustrante, difícil etc.).

QUATRO TIPOS DE TAREFA

	POUCO ATRAENTE	ATRAENTE
PRODUTIVA	Trabalho necessário	Trabalho intencional
IMPRODUTIVA	Trabalho desnecessário	Trabalho distrativo

Vou fazer referência a esse quadro diversas vezes ao longo do livro, por isso vamos dar uma olhada rápida em cada uma das quatro categorias de tarefas.

O **trabalho necessário** inclui tarefas que são pouco atraentes, mas produtivas. Reuniões de equipe e telefonemas sobre o orçamento trimestral ficam nesse quadrante. Em geral, precisamos nos obrigar a fazer esse tipo de trabalho.

O **trabalho desnecessário** inclui tarefas que são improdutivas e desinteressantes, como reorganizar papéis em sua mesa ou arquivos no computador. Em geral, dificilmente nos preocupamos com essas tarefas, a menos que estejamos procrastinando a realização de alguma outra coisa ou resistindo a uma tarefa que entre nas categorias trabalho necessário ou trabalho intencional. Gastar tempo com trabalho desnecessário nos mantém ocupados, mas é apenas uma forma ativa de preguiça, pois não nos leva a conseguir alguma coisa de verdade.

O **trabalho distrativo** inclui tarefas improdutivas e estimulantes e, como tal, é um buraco negro para a produtividade. Inclui redes sociais, a maioria das conversas por mensagem instantânea, sites de notícias, conversas durante o cafezinho e qualquer outra forma de distração de baixo retorno. Essas atividades podem ser divertidas, mas, em geral, devem ser realizadas em pequenas doses. Quanto melhor você se tornar em administrar sua atenção, menos tempo vai gastar nesse quadrante.

O quadrante remanescente no gráfico é o **trabalho intencional** – o ponto ideal da produtividade. São as tarefas para as quais viemos à Terra, tarefas nas quais estamos mais empenhados enquanto as cumprimos, tarefas com as quais criamos o maior impacto. Poucas tarefas se encaixam nessa categoria – descobri que a maioria das pessoas tem três ou quatro no máximo. Fazer um bom trabalho nessa categoria costuma requerer mais capacidade intelectual, e com frequência nos damos melhor nesse tipo de tarefas que outras pessoas. As principais tarefas intencionais de um ator poderiam ser ensaiar e representar. As tarefas intencionais de uma consultora financeira poderiam ser fazer investimentos, se reunir com os clientes e conhecer as tendências do setor. Algumas das tarefas mais importantes de um pesquisador poderiam incluir conceber e executar estudos, dar aulas e cuidar dos trâmites para solicitação de financiamento. Minhas tarefas mais importantes são escrever livros e artigos para blog, ler pesquisas para encontrar novas ideias e dar palestras. Em sua vida pessoal, as tarefas intencionais podem incluir passar um tempo com seus filhos, trabalhar em uma segunda atividade ou como voluntário em uma instituição beneficente local.

Uma pessoa perfeitamente produtiva se concentraria apenas nos dois quadrantes superiores do gráfico acima. Se as coisas fossem assim tão simples, porém, você não precisaria deste livro. Como sem dúvida você já vivenciou, ficar dentro das fronteiras do trabalho necessário e intencional é muito mais difícil do que parece. Todos os dias, as tarefas de todos os quatro quadrantes disputam nossa atenção. Trabalhar no piloto automático significa que estamos mais propensos a escorregar para os trabalhos desnecessários e distrativos e, muitas vezes, a gastar tempo em trabalho necessário e intencional apenas quando temos um prazo para cumprir.

Percebi uma coisa interessante quando apliquei a pesquisa deste livro à minha vida: conforme o tempo ia passando, comecei a gastar menos tempo no piloto automático e a concentrar mais atenção às minhas tarefas mais intencionais e necessárias. À medida que você gerencia sua atenção de forma mais deliberada, acho que vai descobrir que o mesmo pode acontecer com seu trabalho.

> Vejamos uma maneira imediata de melhorar sua produtividade. Divida suas tarefas profissionais com base nas quatro categorias do gráfico acima. Essa atividade simples lhe dará uma consciência incrível do que é realmente importante em seu dia a dia. Como vou voltar a esse gráfico muitas vezes daqui para a frente, dividir suas atividades profissionais será de grande valia enquanto você avança na leitura.

Capítulo 2

OS LIMITES DE SUA ATENÇÃO

> "Sem interesse seletivo, a experiência é o caos absoluto."
> – William James

> "Seu foco determina sua realidade."
> – Qui-Gon Jinn, *Guerra nas Estrelas: Episódio I – A Ameaça Fantasma*

As fronteiras de sua atenção

Nossa atenção é a ferramenta mais poderosa que temos para levar uma vida boa e cumprir nossos objetivos, mas nossa capacidade de foco é restrita, e isso ocorre, em princípio, de duas maneiras.

Em primeiro lugar, **há um limite finito do número de coisas nas quais podemos nos concentrar.** Esse limite é menor do que se pode imaginar. Se pudéssemos de fato nos concentrar em várias tarefas simultaneamente, seríamos capazes de fazer muito mais no momento: memorizar o número de telefone de alguém ao tocar piano, ter uma conversa com duas pessoas e responder a um e-mail em nosso celular. De forma realista, conseguimos fazer bem, no máximo, uma ou duas dessas coisas ao mesmo tempo.

A cada segundo que passa, nosso ambiente envia um fluxo constante de informações ao nosso cérebro. Repare nas visões, nos sons e em outras informações próximos a você neste momento e vai perceber que há um número quase infinito de itens que poderiam captar nosso foco. Timothy Wilson, professor de psicologia na Universidade da Virginia, estima que, a cada segundo, nosso cérebro recebe 11 milhões de "bits" de informação sob a forma de experiências sensoriais.

Mas quanto desses 11 milhões de bits nossa mente consegue processar e em quantos consegue se concentrar conscientemente de uma vez? Apenas *40*. Não 40 *milhões* ou 40 *mil*, mas 40.

Quando escolhemos em que focar, estamos efetivamente bebericando água de uma mangueira de incêndio. Uma conversa, por exemplo, consome a maioria dos nossos bits de atenção, por isso não conseguimos manter duas conversas ao mesmo tempo. De acordo com o renomado psicólogo Mihaly Csikszentmihalyi, a simples *decodificação* de uma conversa (para que possamos compreendê-la) consome mais da metade de nossa atenção. Além de interpretar as palavras de uma pessoa, é necessário analisar o significado por trás do que o outro está dizendo. Enquanto você conversa, há inúmeros outros lugares para os quais pode direcionar seus demais bits de atenção: suas tarefas de trabalho do dia seguinte, pensamentos aleatórios, a luminária atrás da pessoa com quem está conversando, o timbre da voz dela ou o que você vai dizer em seguida – mas extrair significado daquilo que você está ouvindo é o melhor uso de seu foco.

A segunda maneira que mostra como nossa atenção é limitada é: **depois de focar em algo, podemos reter apenas uma pequena quantidade de informação na nossa memória de curto prazo.** A capacidade de armazenar informações temporariamente em nossa mente é quase um superpoder, pois é o que nos permite pensar sobre o que estamos fazendo, como estamos fazendo, se aquilo envolve tarefas de resolução de problemas (por exemplo, deslocar dígitos ao fazer operações aritméticas) ou planejamento para o futuro (por exemplo, desenvolver a melhor sequência de exercícios para a academia). Sem esse rascunho mental temporário, estaríamos reagindo sem pensar a tudo que acontece no mundo ao nosso redor.

Quando se trata de *reter* informações em nossa memória temporária, porém, o número mágico de que nosso cérebro é capaz diminui de 40 para *quatro*. Tente memorizar os seguintes nomes e, em seguida, escrevê-los em um papel:

- Haroldo
- Ricardo
- Reginaldo
- Lucinda
- Luiza

- Martim
- Kelly
- Simone
- Daniel
- Bruno

Quando se pede para que as pessoas escrevam os nomes de que se lembram, muitas só conseguem se lembrar de três, enquanto outras chegam a cinco, seis ou até sete no máximo. A média, porém, é quatro.

Nesse sentido, o número quatro se refere a *blocos* singulares de informações. Por exemplo, se você puder encontrar uma maneira de estabelecer relações com alguns dos nomes nos blocos – como visualizar alguns amigos que tenham esses nomes –, será capaz de processá-los de forma mais profunda e se lembrar de mais. No meu caso, consigo me lembrar de todos os dez nomes e ainda sobra espaço. No entanto, não sou um supergênio – ao criar a lista, peguei o nome das dez pessoas a quem mais enviei e-mails na semana, o que me permitiu agrupá-las sem esforço.

Podemos usar esse conceito de "aglutinar" coisas para nos lembrar melhor de qualquer quantidade de coisas práticas durante o dia todo. Hoje de manhã eu estava ouvindo um audiolivro enquanto fazia compras no mercado – uma combinação difícil de fazer simultaneamente. Eu precisava comprar três coisas: aipo, homus e biscoitos. Quando entrei no supermercado, visualizei um triângulo com a localização de cada um dos três itens como uma das pontas. Em vez de me esforçar para lembrar a lista de compras de forma independente, fui capaz de percorrer o triângulo. Visualizar uma refeição ▶

▶ composta desses três ingredientes teria o mesmo efeito e provavelmente é uma ideia ainda mais simples.

Nossa vida costuma se estruturar em torno do fato de que somos capazes de reter, no máximo, sete partes de informações exclusivas em nossa memória de curto prazo. Não é preciso ir muito além do mundo ao seu redor para obter provas de como podemos organizar dados em unidades ordenadas mentalmente. Comece com o número dois – há inúmeros exemplos na cultura pop que mostram o poder do par. Podemos reter com facilidade duas coisas na memória de uma vez, então não é por acaso que as combinações de duplas são encontradas em toda parte, duplas dinâmicas como Batman e Robin, Beto e Ênio (da *Vila Sésamo*) e Calvin e Haroldo. O número três também se encaixa confortavelmente em nosso espaço de atenção: premiamos com três medalhas olímpicas e crescemos com histórias como "Cachinhos Dourados e os três ursos" e "Os três porquinhos". A lista continua: dividimos essas histórias em três partes (começo, meio e fim), e há ditados como "Se dá para dois, dá para três" ou "Um é pouco, dois é bom, três é demais". Também agrupamos ideias em quartetos (as quatro estações), quintetos (as cinco "linguagens do amor"), sextetos (os seis lados de um dado) e heptetos (os dias da semana, os pecados capitais e as maravilhas do mundo). Mesmo a maioria dos números de telefone cabe confortavelmente nesse limite atencional: um conjunto de três números (ou talvez quatro, se você estiver no Reino Unido ou no Brasil), seguido por outro de quatro dígitos, facilitando reter na mente o número completo a se discar. É preciso procurar muito para encontrar exemplos comuns de grupos superiores a sete.

Conheça seu espaço atencional

"Espaço atencional" é o termo que uso para descrever a quantidade de capacidade mental que temos disponível para nos concentrar e processar as coisas no momento. Nosso espaço atencional é aquele em que estamos conscientes em qualquer momento específico – é o bloco de rascunho ou a área de transferência de nosso cérebro que usamos para armazenar informações temporariamente enquanto estão sendo processadas. O espaço atencional permite manter, manipular, conectar informações simultaneamente e em tempo real. Quando escolhemos aquilo em que vamos prestar atenção, aquela informação ocupa nossa memória de curto prazo, e nosso espaço atencional garante que ela seja mantida ativa para que possamos continuar a trabalhar com ela. Juntos, nosso foco e nosso espaço atencional são responsáveis pela maioria de nossas experiências conscientes. Se seu cérebro fosse um computador, seu espaço atencional seria sua memória RAM. (Tecnicamente falando, os pesquisadores referem-se a esse espaço como nossa "memória de trabalho", e ao tamanho desse espaço como nossa "capacidade de memória de trabalho").[3]

Vamos discutir o espaço atencional com bastante profundidade neste livro. Considerando que esse espaço é muito pequeno e pode reter apenas algumas coisas por vez, é essencial administrá-lo bem.

---

3. Um computador ou smartphone com mais RAM pode funcionar mais rápido, porque ele pode reter mais na memória. No entanto, uma RAM maior invariavelmente compromete a vida útil da bateria, em especial a de um telefone. A Apple recentemente optou por não acrescentar mais RAM ao seu iPhone por esse motivo. Como a RAM em um computador está sempre ativa, e a informação está em constante movimento, essa atividade suga uma grande quantidade de energia. Nosso espaço atencional pode ser limitado pelo mesmo motivo. Alguns cientistas argumentam que talvez tenha sido "biologicamente caro" para nós evoluir até ter maior espaço atencional, por causa de como o nosso cérebro precisaria ser – e de quanta energia seria necessário consumir – para manter essas informações ativas simultaneamente. Além disso, ao longo dos últimos 2,5 milhões de anos, nossas tarefas diárias não eram nem de perto tão complexas quanto o trabalho intelectual que fazemos hoje. Nosso cérebro consome bastante energia. Embora componha apenas de 2% a 3% de nossa massa corporal, ele queima 20% das calorias que ingerimos. O fato de a capacidade do nosso cérebro ser limitada dessa forma nos permite economizar energia, o que pode ter ajudado em nossas chances de sobrevivência.

Mesmo quando estamos sonhando acordados sem nos concentrarmos em nada específico, preenchemos nosso espaço atencional. Quando focamos em uma conversa de que estamos participando, essa conversa reclama para si todo o nosso espaço atencional (pelo menos quando é interessante). Assistir a um *streaming* de vídeo enquanto se está fazendo o jantar junta essas duas tarefas em nosso espaço atencional. Quando resgatamos uma lembrança ou um fato (como o aniversário de um amigo ou o nome de uma canção) de nossa memória de longo prazo, essa informação fica temporariamente carregada em nosso espaço atencional para quando precisarmos dela. O espaço retém tudo aquilo de que você tem ciência – é seu mundo consciente inteiro.

ESPAÇO ATENCIONAL

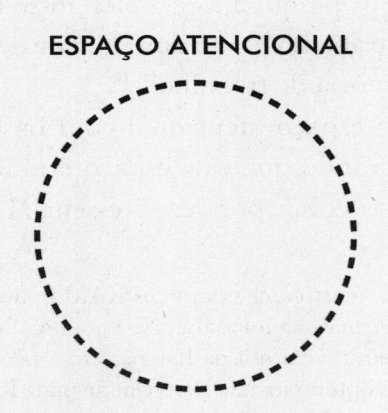

Eu acho a leitura – e a ciência que estuda o modo como ela preenche o espaço atencional – um assunto especialmente fascinante. Se você estiver de fato prestando atenção às palavras desta página, não sobra quase nenhum espaço atencional para outras tarefas. Assim como não existe espaço atencional suficiente para escrever uma mensagem no celular e dirigir, não dá para escrever um texto enquanto lê – qualquer uma dessas duas tarefas individualmente requer muito foco para caber com conforto em seu espaço atencional. No melhor dos casos, você pode ser capaz de beber uma xícara de café enquanto lê, mas pode ser que o café fique frio se sua imersão no texto for demasiada – ou talvez você entorne o café sobre o livro quando tentar fazer as duas coisas e fracassar.

Enquanto você lê, seu cérebro está trabalhando duro para converter os bits crus de informação perceptiva em fatos, histórias e lições de que você vai se lembrar e internalizar. Depois de seus olhos registrarem as ondas de luz que emanam da página, sua mente gerará palavras a partir delas. Essas palavras preenchem temporariamente seu espaço atencional. Você começa a ligar as palavras para formar unidades sintáticas e frases – blocos fundamentais das sentenças. Por fim, usando seu espaço atencional como um bloco de rascunho, seu cérebro agrupa essas combinações de palavras em ideias completas para que você possa extrair o significado em um nível superior.

A estrutura de frase pode influenciar esse processo e reduzir a velocidade de sua leitura ou acelerá-la. Assim como o mundo não reúne muitos grupos em conjuntos de dados superiores a sete, cada livro é estruturado para acomodar um espaço atencional restrito do leitor. As frases têm um comprimento limitado e são separadas por vírgulas, pontos-e-vírgulas e traços. De acordo com um estudo, o ponto final ao término de uma frase é o momento no qual nosso espaço atencional "para de ser carregado, e o que esteve presente nele até aquele momento precisa de alguma forma ser armazenado de maneira resumida em uma memória de curto prazo".

Sua atenção está constantemente sincronizada com aquilo que você está lendo ou fazendo. Aqui, um exemplo interessante: você até *pisca* de acordo com a direção de sua atenção. Normalmente você pisca de 15 a 20 vezes por minuto, mas faz isso durante as interrupções naturais de sua atenção – como ao final de uma frase durante a leitura, quando alguém com quem está falando faz uma pausa ou em pontos de interrupção quando está assistindo a um vídeo. Esse ritmo intermitente acontece de forma automática – tudo o que você precisa fazer é prestar atenção ao que está lendo, e o espaço atencional do seu cérebro cuida do resto.

O que está preenchendo o seu espaço atencional?

Vamos fazer uma rápida verificação. O que está ocupando seu espaço atencional neste momento? Em outras palavras, o que está em sua mente?

Este livro e seus pensamentos sobre ele estão consumindo 100% de seu espaço atencional? Se sim, você vai processá-lo melhor e mais rápido. Está dedicando um terço de sua atenção ao smartphone ao seu lado? Uma parte de sua mente está planejando o que você vai fazer depois de concluir este capítulo ou está distraída com algo que lhe traz preocupações? Essas preocupações ou ansiedades estão surgindo do nada?

Direcionar seu olhar mental para o que está ocupando seu espaço atencional no momento pode ser um exercício estranho, pois é raro percebermos o que está dominando nossa atenção, e passamos a maior parte de nosso tempo totalmente imersos naquilo que estamos vivenciando. Há um termo para esse processo: metaconsciência. Conscientizar-se daquilo em que você está pensando é uma das melhores práticas para a administração de sua atenção. Quanto mais você perceber o que está ocupando seu espaço atencional, mais rápido aprenderá a voltar para os trilhos quando sua mente começar a divagar, o que ela faz em notáveis 47% do tempo.

Esteja você escrevendo um e-mail, participando de uma *conference call*, assistindo a um programa de TV ou jantando com a sua família, você estará gastando essencialmente metade de seu tempo e atenção com aquilo que *não está* na sua frente, perdido no passado ou planejando o futuro. É um monte de tempo e atenção para se desperdiçar. Embora haja um valor imenso em deixar a mente dispersa, na maioria das vezes precisamos dar nosso melhor para nos concentrar no presente.

> **Essencialmente isto é _mindfulness_, ou atenção plena; é notar aquilo que está preenchendo sua mente por completo:** o que você está pensando, sentindo e percebendo a qualquer momento. O conceito de _mindfulness_ acrescenta outra dimensão importante a essa mistura: não julgar aquilo em que você está pensando. Quando você toma consciência do que está ocupando sua mente, percebe que pode imaginar algumas coisas muito loucas, e nem tudo é verdade – como a conversa negativa que temos conosco e às vezes gruda na cabeça. A mente de todo mundo faz isso em algum nível, por isso você não deve esquentar muito quando acontece, nem levar todos os seus pensamentos muito a sério. Como diz um de meus escritores favoritos, David Cain: "Todos os pensamentos querem ser levados a sério, mas poucos merecem".

Já está comprovado que o simples fato de _observarmos_ o que está ocupando nosso espaço atencional nos deixa mais produtivos. Durante um estudo, pesquisadores pediram aos participantes que lessem um romance policial e tentassem solucionar o crime. O estudo comparou os leitores cuja mente vagava _sem_ consciência com aqueles cuja mente divagava _de modo consciente_. As taxas de resolução do crime foram bastante maiores para o grupo que estava consciente. Desempenhamos significativamente melhor cada tarefa quando estamos conscientes de que nossa mente está divagando.

Se prestar a atenção ao que está em sua mente – o que, precisamos admitir, é bem difícil de fazer por mais de um minuto –, você vai observar que o conteúdo do seu espaço atencional muda constantemente. Vai entender que ele de fato _é_ um bloco de rascunho, com pensamentos, conversas, tarefas, projetos, sonhos, _conference calls_ e outros objetos de atenção que estão de passagem sem parar. Também vai descobrir que seu espaço atencional se expande e se encolhe de acordo com seu estado de espírito. Os objetos de atenção desaparecem desse espaço tão rápido quanto aparecem, normalmente sem seu conhecimento. Mesmo com toda a potência que proporciona, o conteúdo de seu espaço atencional é efêmero; sua memória dura uma média de apenas 10 segundos.

Tarefas que vão bem em dupla

Então, o que exatamente pode caber de maneira confortável dentro do espaço atencional?

Tarefas ocupam quantidades diferentes de espaço atencional, dependendo de sua complexidade. Uma conversa séria (em oposição a uma casual) preenche grande parte dele, se não tudo. Essa conversa pode ser prejudicada se você tentar encaixar muitas outras coisas em seu espaço atencional. Quando você deixar seu telefone sobre a mesa durante uma conversa, por exemplo, provavelmente vai se distrair com a possibilidade de receber mensagens.

Nem todas as tarefas exigem tanto espaço atencional. Existem dois tipos de tarefas na vida e no trabalho: hábitos, que podemos realizar sem pensar muito, exigindo o mínimo de espaço atencional; e tarefas complexas, que só podem ser bem executadas se estivermos com foco dedicado. Muitos especialistas alegam que não podemos realizar tarefas múltiplas, o que muitas vezes é verdade no caso de tarefas que exigem foco para serem cumpridas corretamente e, como consequência, ocupam uma quantidade maior de espaço atencional. Mas o mesmo não acontece com os hábitos; na verdade, nesse caso, somos capazes de realizar tarefas múltiplas *surpreendentemente bem*. Embora talvez não sejamos capazes de entabular simultaneamente duas conversas, podemos caminhar, respirar e mascar chiclete enquanto ouvimos um audiolivro – a última tarefa sendo aquela que facilmente vai ocupar o que sobra de nossa atenção.

Tarefas habituais como cortar as unhas, colocar roupas para lavar, arquivar e-mails que você já leu e fazer compras no supermercado não exigem tanta atenção quanto tarefas mais complexas. É isso que possibilita sermos multitarefa sem comprometer a qualidade de nossas ações. Todos os domingos eu gosto de juntar minhas "tarefas de manutenção" pessoais relativamente rotineiras – tarefas que ajudam a me manter quem sou, como preparar refeições, aparar as unhas e limpar a casa – e cumpro todas elas em um período de tempo determinado ouvindo podcasts ou um audiolivro. Sem dúvida é um dos meus rituais semanais favoritos. Você pode fazer o mesmo, por exemplo, em seu trajeto diário de casa para o trabalho: se escutar um audiolivro durante uma viagem rotineira de uma hora, será capaz de ler um livro a cada semana ao utilizar a atenção liberada por uma tarefa habitual.

Hábitos ocupam muito pouco espaço atencional, pois precisam de pouca reflexão assim que você se acostuma com eles. Como me disse o neurocientista cognitivo Stanislas Dehaene, autor de *Consciousness and the Brain*, "Hábitos como tocar piano, vestir-se, barbear-se ou dirigir por um caminho familiar são tão automáticos que não parecem impedir qualquer pensamento consciente". Ele diz que, embora hábitos como esses possam exigir algum nível de *iniciação* consciente, uma vez que adotamos o comportamento, o restante do processo avança sozinho. Podemos precisar tomar decisões conscientes de vez em quando – como quando estamos nos vestindo e notamos que nosso traje habitual de terça-feira está na máquina de lavar –, mas, depois dessa intervenção, podemos voltar ao restante da sequência de hábito sem pensar muito. Dehaene considera que esse processo é "presumivelmente conduzido por atividades relacionadas à sequência" no cérebro. O cérebro também nos ajuda quando tentamos fazer mais de uma coisa habitual ao mesmo tempo, ao desviar fluxo sanguíneo do córtex pré-frontal – o centro de lógica do cérebro – para os gânglios basais, o que nos ajuda a executar as sequências habituais de nossa rotina diária.

REALIZANDO VÁRIOS HÁBITOS AO MESMO TEMPO

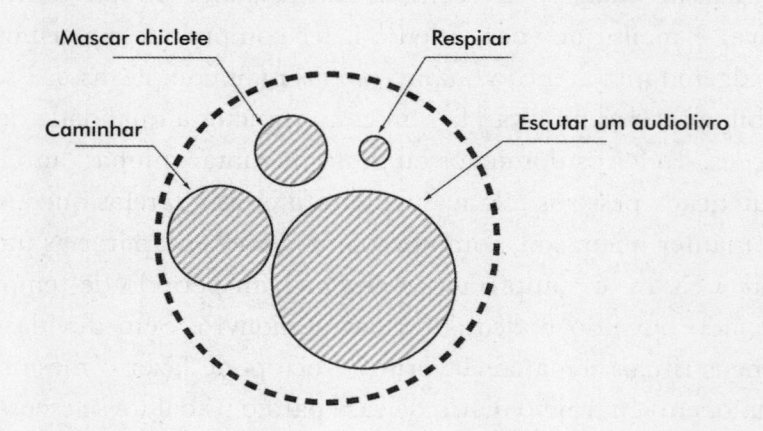

Nosso espaço atencional pode processar ainda mais quando estamos trabalhando em tarefas não relacionadas. Separar roupas para lavar e falar ao telefone, por exemplo. Essas atividades usam vários sentidos – a separação de roupas, nossos sentidos visual e motor; a chamada telefônica, nossa audição. Como usamos diferentes regiões cerebrais para processá-las, as tarefas não competem pelos mesmos recursos mentais. Há um ponto de inflexão para o espaço atencional, claro – executar muitas tarefas habituais ao mesmo tempo deixará seu espaço atencional sobrecarregado. Isso é ainda mais patente se o que você estiver fazendo não for totalmente automático e exigir intervenção mental frequente. Em última análise, esta é a questão: o número de tarefas habituais que podemos encaixar em nosso espaço atencional é muito maior do que o número de tarefas que exigem um foco maior.

Tarefas que *não podemos* fazer por hábito – como a leitura de um livro, uma conversa intensa ou a preparação de um relatório para a chefia da empresa – consomem muito mais espaço atencional, porque executá-las bem exige que conscientemente manipulemos informações em tempo real. Se tentarmos ter uma conversa por hábito com as pessoas que amamos, é provável que não processemos nem lembremos da conversa e nos vejamos recorrendo a afirmações como "Sim, meu amor".

Se você dividiu seu trabalho nas quatro categorias que descrevi no Capítulo 1 (página 28) – uma atividade que recomendo fortemente, porque vou fazer referência a ela mais tarde –, vai notar que suas tarefas mais necessárias e intencionais não podem ser executadas por hábito.[4] É exatamente o que torna essas tarefas tão produtivas. Você obtém mais ao cumpri-las porque elas requerem foco, recursos intelectuais e aproveitam conjuntos de habilidades exclusivas. Qualquer um pode fazer um trabalho mecânico por hábito. É uma das muitas razões por que tarefas distrativas são tão caras: embora sejam atraentes e estimulantes (como assistir algo na Netflix depois de um longo dia de trabalho, em vez de jantar com um amigo), elas roubam tempo precioso de seu trabalho mais produtivo.

Gastar tempo com nossas tarefas mais produtivas em geral significa que temos pouca atenção sobrando – se é que há alguma atenção disponível.

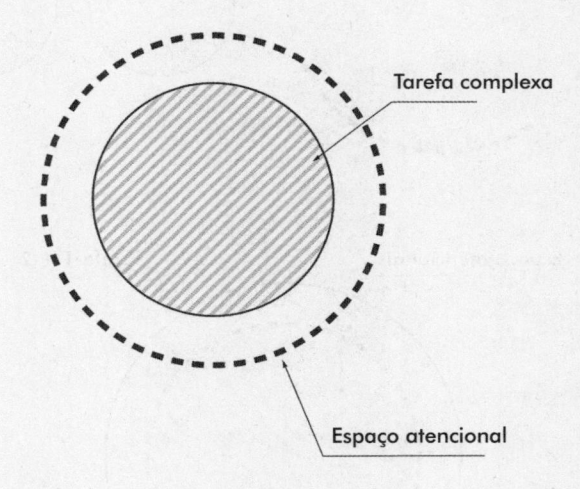

Tarefa complexa

Espaço atencional

4. Se você *conseguir* cumprir suas tarefas mais produtivas por hábito, é sinal de que provavelmente deveria delegá-las a alguém, eliminá-las por completo ou fazer um esforço consciente para gastar menos tempo e atenção com elas.

Ao contrário de tarefas habituais, não somos capazes de encaixar duas atividades complexas em nosso espaço atencional ao mesmo tempo. Lembre que podemos nos concentrar apenas em 40 bits de informação, e uma única tarefa complexa exige a maioria desses bits; acima desse limite, só podemos processar esse tanto por vez. Como até mesmo tarefas moderadamente complexas consomem a maior parte de nossa atenção, temos, *no melhor dos casos*, condições para combinar algo habitual com uma tarefa mais complexa.

QUANDO A MULTITAREFA NÃO FUNCIONA

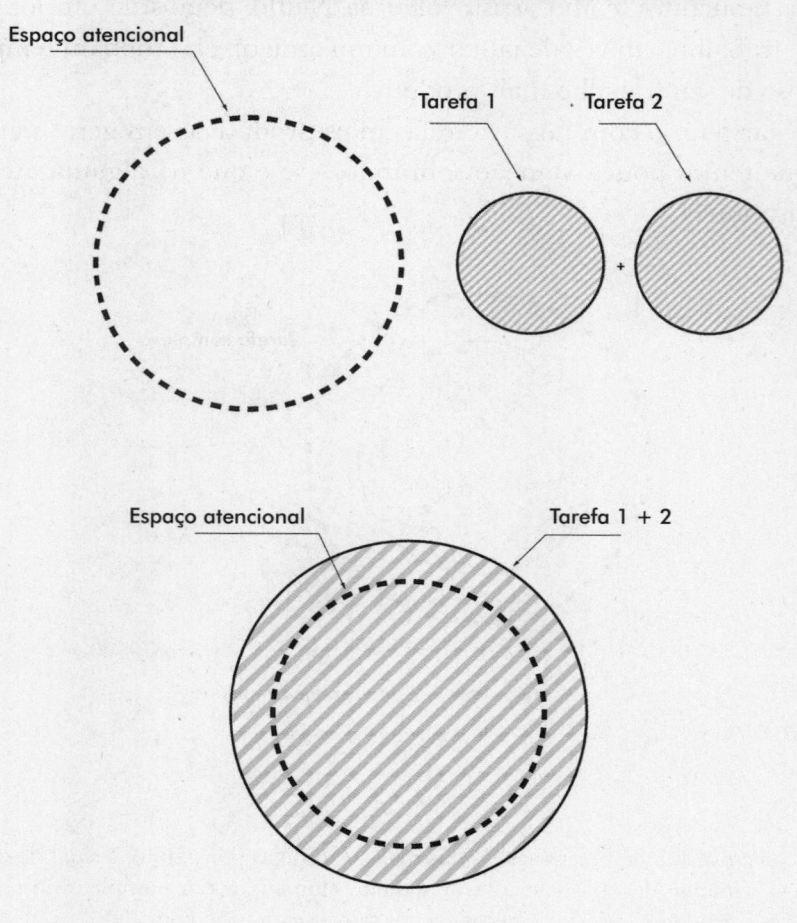

Não há nenhuma forma fácil de prever quanto espaço atencional uma tarefa vai consumir; por exemplo, dirigir vai exigir muito menos se você for um especialista e não um aprendiz de condutor. Você será mais capaz de reunir informações durante o processo se tiver experiência com determinada tarefa, o que vai proporcionar mais liberdade para se concentrar em outras coisas. Outra variável é o tamanho real do seu espaço atencional – uma medida diferente para cada um.

Em resumo, há em geral três combinações de tarefas que cabem confortavelmente dentro de seu espaço atencional.

1. Algumas pequenas tarefas habituais

Somos capazes de correr, respirar, prestar atenção à nossa frequência cardíaca e ouvir música – tudo ao mesmo tempo. Como já mencionado, iniciar esses hábitos requer atenção e, em seguida, é necessário outro impulso de atenção caso precisemos intervir para não perder o ritmo (ou, se estivermos ouvindo música, para mudar a faixa da playlist).

2. Uma tarefa que exige a maior parte de nosso foco, somada a uma tarefa habitual

Como já vimos, nosso espaço atencional é poderoso, mas também muito limitado. Na melhor das hipóteses, podemos realizar uma pequena tarefa habitual *mais* outra atividade que requeira a maior parte de nossa atenção. Dois exemplos: ouvir um podcast ou audiolivro ao fazer tarefas de limpeza e manutenção, ou brincar com um jogo simples e repetitivo em um smartphone enquanto escuta um audiolivro.

Preencher o restante de seu espaço atencional com tarefas habituais e mecânicas muitas vezes não é a melhor maneira de utilizar a atenção que sobra, então, quando possível, evite sobrecarregá-la até o limite.

3. Uma tarefa complexa

Suas tarefas mais produtivas – as que permitem realizar significativamente mais a cada minuto que você se dedicar a elas – se enquadram nessa categoria. Quanto mais tempo e atenção gastar com essas tarefas, mais produtividade você terá.

A quantidade de espaço atencional consumida por tarefas complexas varia ao longo do tempo. Enquanto você tem uma conversa com seu chefe, por exemplo, seu espaço atencional pode se encolher e se expandir ritmicamente para corresponder ao conteúdo da conversa, permitindo que sua mente devaneie e foque na conversa quando ela se tornar mais complexa. Em uma reunião de equipe, você pode, em um instante, passar de observador passivo a participante ativo ao ser chamado para dar um *update* sobre determinado projeto.

Ter algum espaço atencional sobrando durante tarefas complexas permite que você faça duas coisas. Primeiro, permite que você deixe um espaço para refletir sobre a melhor abordagem para concluir a tarefa, para que você possa trabalhar de forma mais inteligente e evitar o modo piloto automático. Você será capaz de pensar em ideias que talvez não tivesse tido se enchesse sua atenção ao máximo – como a percepção de que poderia excluir a introdução da apresentação que você vai dar e, em vez de usá-la, ir diretamente ao ponto.

Em segundo lugar, deixar um pouco de espaço livre também permite que você trabalhe com mais consciência em relação ao que deveria de fato estar recebendo sua atenção. Significa poder se reorientar melhor quando a mente divagar, inevitavelmente, da tarefa a ser cumprida. Ao mesmo tempo, você terá espaço atencional de sobra se a tarefa de repente se tornar ainda mais complexa.

Sobrecarga de atenção

Alocar a quantidade correta e o tipo correto de tarefas no espaço atencional é uma arte e um investimento em produtividade. Os custos de sobrecarregar nossa atenção podem ser bastante sérios.

Alguma vez você já entrou na cozinha ou na sala de sua casa e se deu conta de que esqueceu por que foi até lá? Se sim, você caiu na armadilha da sobrecarga. Você tentou enfiar coisas demais em seu espaço atencional – o programa de TV ligado ao fundo, pensamentos aleatórios e o site de cinema que você acabou de ler – e não sobrou espaço suficiente para a sua intenção original. Nesse caso, você queria pegar a lista de compras que seu namorado ou namorada deixou sobre a mesa da sala de jantar.

A mesma coisa acontece quando os problemas do trabalho pesam em sua mente enquanto você volta dirigindo para casa. Nessa situação, sua mente pode estar ainda mais cheia: ela decodifica e processa o programa de entrevistas na rádio enquanto rumina sobre o que aconteceu no trabalho naquele dia, além de executar por hábito várias sequências que permitem que você dirija até sua casa, em grande parte no modo piloto automático. Se tinha planejado comprar pão no caminho, são grandes as chances de você não ter espaço suficiente para acomodar nem mesmo essa intenção pequena e simples. Você vai chegar em casa sentindo que está faltando alguma coisa e somente de manhã vai abrir o armário, notar a falta de pão e se lembrar da tarefa do dia anterior.

Precisamos trabalhar com intenção o máximo possível, o que é ainda mais importante quando temos mais tarefas que tempo para cumpri-las. A intenção nos permite priorizar para não sobrecarregar o nosso espaço atencional, o que também nos deixa mais calmos: assim como você se sente desconfortável depois de comer demais, encher seu espaço atencional com tarefas demais pode fazê-lo se sentir instável.

A qualquer momento, seu espaço atencional deveria conter no máximo duas coisas fundamentais que você estiver processando: o que você pretende realizar e o que está fazendo naquele momento. Isso não é possível 100% do tempo, sobretudo quando você está com a mente imersa em uma tarefa; mas, se estiver consciente de sua intenção, pode ter certeza de que aquilo em que sua mente está imersa de fato é o objetivo que você quer alcançar.

TRABALHANDO COM INTENÇÃO

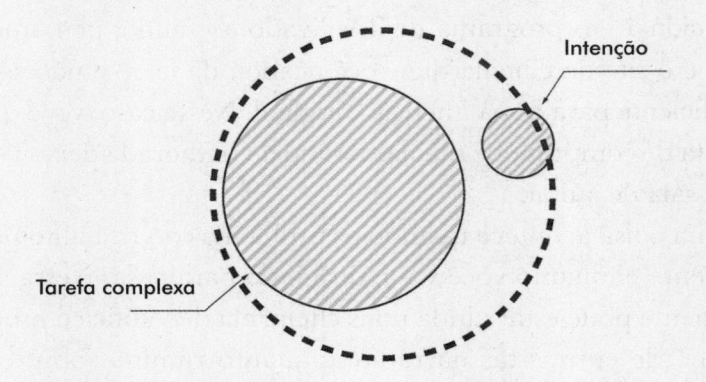

Se você se flagrar reagindo a um trabalho importante no piloto automático, é possível que esteja tentando encaixar coisas demais em seu espaço atencional. Ao não parar para administrar deliberadamente a sua atenção, você permite que ela transborde. Alguns exemplos conhecidos:

- Cuidar de seu bebê enquanto faz compras.
- Tentar caminhar e enviar mensagem de texto ao mesmo tempo. Esta manhã vi uma pessoa esbarrar em uma caixa de correio porque estava tentando fazer as duas coisas.
- Voltar um filme, programa de TV ou audiolivro porque alguém estava falando com você ou porque você simplesmente se distraiu por um momento.
- Adicionar bicarbonato de sódio em vez de fermento em pó a uma receita porque estava ruminando sobre algo ou assistindo TV.
- Sair do cinema com dor de estômago porque você não reservou atenção suficiente para notar que comeu pipoca demais.
- Esquecer de colocar o divisor de compras no caixa de supermercado para a próxima pessoa, como a senhora à minha frente se esqueceu de fazer hoje de manhã enquanto folheava uma revista.

Você provavelmente já viveu muitos momentos semelhantes. Alguns são impossíveis de evitar, porque a vida diversas vezes nos traz surpresas inesperadas. Mas muitos *são* possíveis de contornar, e perceber que você está começando a se sentir sobrecarregado é um grande sinal de que deve parar e avaliar o que está ocupando seu espaço atencional. É possível que você esteja tentando colocar coisas demais nele ao mesmo tempo.

A melhor maneira de evitar essa sobrecarga é selecionar melhor o que você permite entrar em seu espaço atencional. Ao dirigir para casa, desligue o rádio, o que vai permitir que você processe o dia e se lembre dos planos de comprar pão também. Em casa, desligue ou ponha a TV no mudo para que você não tente continuar processando o programa e esqueça que está indo buscar uma lista no outro cômodo. Fazer pequenas alterações como essas permite que você mantenha sua atenção na sua intenção.

Simplificar nosso espaço atencional faz com que reservemos espaço suficiente para trabalhar e viver intencionalmente durante todo o dia. Isso nos dá mais tempo para o que é importante e significativo no momento. A situação de seu espaço atencional determina a situação de sua vida. Quando o espaço atencional está sobrecarregado, você também se sente sobrecarregado. Quando o espaço atencional está mais desentulhado, você também se sente assim, livre. Quanto mais arrumado você mantiver seu espaço atencional, mais claramente vai pensar.

Pausa para uma verificação rápida: o que está ocupando seu espaço atencional neste momento? Faça um balanço de tudo o que está em sua mente. Se achar que seu espaço atencional está um pouco cheio demais, simplifique o que está nele, seja anotando essas coisas para que possa lidar com elas mais tarde ou voltando o foco para o livro que tem em mãos.

Simplificar aquilo em que focamos nossa atenção a cada momento pode parecer não muito intuitivo: quando temos tanto para fazer, nosso impulso natural é nos concentrar ao máximo. Além disso, há o fato de que o córtex pré-frontal do cérebro – a grande parte do prosencéfalo que nos permite planejar, pensar logicamente e trabalhar – tem uma "inclinação para a novidade" embutida. Sempre que alternamos entre tarefas, ele nos recompensa com dopamina, aquele incrível prazer químico que percorre nosso cérebro sempre que devoramos uma pizza de tamanho médio, realizamos algo incrível ou tomamos um drinque ou dois depois do trabalho. Talvez você tenha notado que instintivamente pega o tablet quando se senta para assistir TV, que não consegue resistir e mantém seu e-mail aberto em outra janela enquanto trabalha ou se sente mais estimulado quando o celular está ao seu lado. Buscar novos estímulos continuamente faz com que nos *sintamos* mais produtivos – afinal, estamos fazendo mais a todo momento. Mas, de novo, só porque estamos mais ocupados não significa que estejamos alcançando mais.

Praticamente todos os livros de saúde e bem-estar têm uma seção obrigatória a respeito de como o cérebro é primitivo e sobre como precisamos aprender a dominar os impulsos que ele produz. Este livro não é uma exceção. A triste verdade é que o cérebro não é constituído para fazer trabalho intelectual – ele é formado para a sobrevivência e a reprodução. Evoluímos para almejar coisas que nos proporcionam aumento de dopamina, o que reforça hábitos e comportamentos que historicamente ajudaram em nossas chances de sobrevivência. Nosso cérebro oferece uma dose de dopamina após o sexo como recompensa pela procriação. Faz isso quando consumimos açúcar, que é um concentrado de energia e nos permite sobreviver por mais tempo com menos comida, o que foi útil no início de nossa evolução, quando não havia tanta abundância quanto hoje.

Nosso cérebro também nos recompensa por administrarmos mal nossa atenção, pois, para nossos primeiros ancestrais, identificar novas ameaças no ambiente aumentava a chance de sobrevivência. Em vez de se concentrar tão profundamente em manter em uma fogueira a ponto de não estar alerta para um tigre à espreita, os primeiros seres humanos faziam varreduras constantes de potenciais perigos ao seu redor. Se isso os deixou um pouco menos eficientes em matéria de cuidar de uma fogueira, eles ao menos sobreviveram para ver o dia seguinte (e fazer outra fogueira!).

Hoje, os únicos tigres por perto estão no zoológico, e a inclinação para a novidade que antes nos beneficiava agora trabalha ativamente contra nós. Os dispositivos que temos – TV, tablet, computador e smartphone – são infinitamente mais estimulantes do que as outras coisas significativas e produtivas em que poderíamos colocar nosso foco, e assim, com menos predadores com que nos preocupar, é natural nos concentrarmos em nossos aparelhos eletrônicos.

Depois de anos pesquisando o assunto, descobri que "produtividade" se transformou em um termo um tanto carregado. Em geral, implica uma condição que parece fria, corporativa e excessivamente focada em eficiência. Prefiro uma definição diferente (e mais amigável): produtividade significa realizar o que se pretende. Se nosso plano hoje é escrever 3 mil palavras, arrasar em uma apresentação com a equipe de liderança e esvaziar a caixa de e-mails, e conseguimos realizar todas essas atividades, fomos perfeitamente produtivos. Da mesma forma, se nosso objetivo for ter um dia relaxante e conseguirmos não fazer absolutamente nada, estaremos sendo, de novo, perfeitamente produtivos. Estar *ocupados* não nos torna produtivos. Não importa quão ocupados estivermos se essa ocupação não nos fizer realizar nada de importante. Produtividade não significa lotar mais nossos dias, mas sim fazer *a coisa certa* a cada momento.

Os custos aumentam

Vale a pena repetir que **não há nada de intrinsecamente errado em realizar mais de uma tarefa ao mesmo tempo.** É inteiramente possível realizar múltiplas tarefas, sobretudo quando se trata de tarefas habituais em nosso trabalho e nossa vida pessoal. Mas é importante fazer uma distinção entre a multitarefa e a mudança de nossa atenção para outra tarefa. A multitarefa significa tentar simultaneamente se concentrar em mais de uma coisa por vez. Já mudar nossa atenção é o movimento de nosso foco atencional (ou de nosso espaço atencional) de uma tarefa para outra. Mudar a atenção durante o dia todo é necessário; se nos concentrássemos apenas em uma coisa o dia inteiro, por mais importante que fosse, provavelmente não teríamos um emprego. Ainda assim, mudar em demasia pode ser perigoso, especialmente quando estamos cercados por mais objetos novos e distrações do que que nosso cérebro é capaz de administrar.

Embora passar para o modo piloto automático seja o maior custo do transbordamento da atenção, existem outras desvantagens. Para começo de conversa, deixar seu espaço atencional transbordar afeta sua memória. Talvez você tenha notado que, quando vê TV ou um filme com o celular por perto, você se lembra muito menos do que assistiu. Na verdade, percebi que, enquanto eu permitia que mais aparelhos entrassem na minha vida, eu me lembrava de menos coisas de forma geral. A tecnologia acelera o tempo, trazendo tentações a cada momento para preencher nossa atenção até o limite. Isso nos leva a lembrar menos, pois somente quando prestamos atenção em algo nosso cérebro o codifica ativamente na memória.[5]

Quando obrigamos nosso espaço atencional a fazer malabarismos com muitas tarefas, deixamos de notar e lembrar os detalhes de nosso trabalho mais importante. Quando executamos tarefas múltiplas, processamos até mesmo nosso trabalho com *uma parte completamente diferente do cérebro*. Vejamos como exemplo alguns estudos. Como Russell

---

5. É por isso que você deve prestar mais atenção de forma deliberada em tarefas que tem esquecido recentemente – esquecer-se de desligar o forno, por exemplo. Estudar funciona pela mesma razão: ao prestar atenção nas informações várias vezes, é mais provável que você se lembre delas.

Poldrack, professor de psicologia em Stanford, me explicou: "Quando aprendemos enquanto realizamos tarefas múltiplas, dependemos muito mais dos gânglios basais do cérebro, um sistema que está envolvido na aprendizagem de habilidades e hábitos". No entanto, "quando codificamos informações em um estado mais concentrado, dependemos muito mais do hipocampo em nosso cérebro – que realmente nos permite armazenar e recuperar as informações".

De que adianta ter tempo se não for para criar lembranças – de conversas, refeições, férias e outras experiências? Quando deixamos de focar profundamente em qualquer coisa, focamos apenas nos "destaques" do que estamos fazendo e, como consequência, esquecemos mais tarde como passamos nosso tempo. Deixar nossa atenção transbordar torna nossas ações menos significativas, pois não nos lembramos de como gastamos nosso tempo. Isso afeta nossa produtividade de longo prazo: cometemos mais erros, pois não codificamos corretamente as lições que aprendemos da primeira vez que erramos. Também acumulamos menos conhecimento, o que, quando ganhamos a vida trabalhando com conhecimento, nos atrasa no longo prazo.

Mudar constantemente nosso foco atencional para nos concentrar em uma coisa e depois em outra e depois numa terceira não só impede a formação de lembranças, mas também prejudica nossa produtividade. Pesquisas mostram que, quanto maior for a frequência de transbordamento de nossa atenção, mais tempo levamos para alternar entre tarefas, nos tornamos menos capazes de filtrar informações irrelevantes durante o processo, e nos tornamos mais incapazes de reprimir o impulso de alternar entre tarefas.

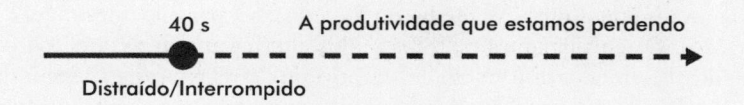

Como mencionei no Capítulo 0, quando estamos trabalhando diante do computador – um dispositivo que, obviamente, é cheio de coisas novas que podem atrair nosso foco –, trabalhamos em média apenas *40 segundos* até sermos interrompidos ou nos distrairmos (ou, em outras palavras, nos interrompermos). Esse número fica ainda mais preocupante quando consideramos que nosso celular está ao nosso lado e também nos interrompe. Nem preciso dizer que nosso melhor trabalho surge depois dessa marca de 40 segundos – quase toda tarefa importante leva mais de 40 segundos de atenção focada para ser bem-feita.[6]

> Mais adiante você encontrará um capítulo inteiro que trata dessas distrações e interrupções, mas aqui vai uma dica rápida: uma das melhores coisas que você pode fazer para sua produtividade é abrir as configurações do celular e analisar as configurações de notificação de cada aplicativo. Desligue todos os que não sejam absolutamente necessários. Faça o mesmo no computador e no tablet se descobrir que seu foco sai dos trilhos ao utilizar esses dispositivos. Quais interrupções são importantes de verdade e quais estão impedindo você de ultrapassar a marca de 40 segundos? A maioria delas não vale a pena; foi por isso que excluí todas as contas de e-mail do meu celular.

6. Outro estudo analisou a frequência com que 50 pessoas alternavam entre tarefas e examinou a duração média do foco dos dez participantes mais e menos distraídos. Os participantes mais distraídos alternavam entre tarefas a cada 29 segundos, e os menos distraídos alternavam entre tarefas a cada 75 segundos. Em outras palavras, a maioria dos participantes concentrados trabalhava pouco mais de um minuto até se distrair.

Além do custo óbvio sobre a produtividade quando nos interrompemos continuamente, também não somos tão bons em mudar nossa atenção. Mesmo quando nosso espaço atencional está relativamente desocupado e nos concentramos em apenas uma tarefa, existem custos gigantescos associados à mudança rápida de uma tarefa para outra. De acordo com Sophie Leroy, professora de comportamento organizacional na Universidade de Washington, não é possível alternar a atenção de uma tarefa para outra sem perturbações. Leroy cunhou o termo "resíduo atencional" para descrever os fragmentos da tarefa anterior que permanecem em nosso espaço atencional depois da mudança para outra atividade: "Pode ser que você esteja em uma reunião, e sua mente fique divagando na direção de um projeto no qual estava trabalhando pouco antes da reunião, ou na direção de algo que planeja fazer logo depois. Isso é ter a atenção dividida, quando parte de seu cérebro está pensando em outros projetos em andamento que você tenha. Por isso é tão difícil se dedicar ao que você deveria estar fazendo no presente". Esse resíduo atencional faz com que nossa mente realize avaliações contínuas, resolva problemas, reflita e rumine sobre uma tarefa anterior por muito tempo depois que já migrou para a próxima.

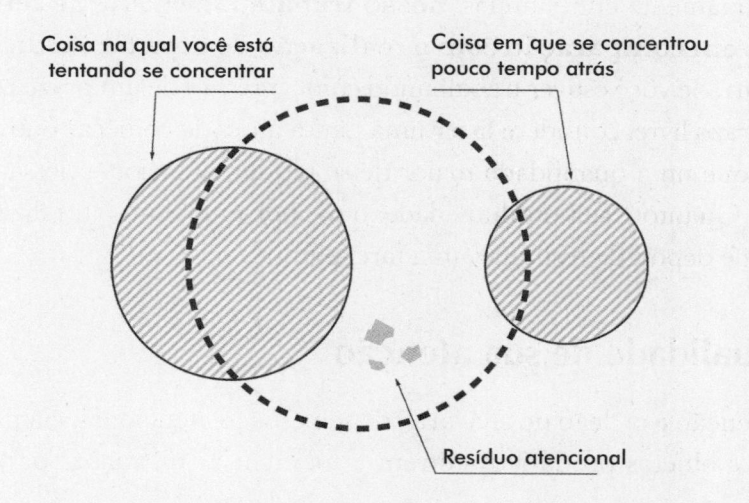

Coisa na qual você está tentando se concentrar

Coisa em que se concentrou pouco tempo atrás

Resíduo atencional

Mudar de tarefa se torna mais fácil assim que você termina a anterior, especialmente quando a pressão de tempo, como um prazo, nos motiva a terminá-la. "Em contrapartida", explica Leroy, "se você estiver trabalhando em algo e realmente não precisar se apressar, mas optar por terminar a tarefa, seu cérebro pode continuar pensando o seguinte: 'O que mais eu deveria ter feito?', ou 'Existe outra maneira de realizar essa tarefa?', ou ainda 'Talvez eu pudesse ter feito melhor'. Mesmo que a tarefa esteja concluída, em geral é difícil para o cérebro dá-la por encerrada." Como nosso cérebro não está mais motivado a concluir essas tarefas de prazo tranquilo, Leroy descobriu que "a ativação mental do objetivo [diminui]". A pressão de tempo restringe nosso foco na tarefa, nos impedindo de considerar uma série de formas mais criativas para concluí-la. Não questionamos tanto nossa abordagem, pois não nos afastamos dela para considerar alternativas. Isso faz com que a mudança de atividade seja mais fácil.

Tudo isso levanta uma questão: mudar de tarefa é algo custoso para a produtividade? A troca de tarefa torna seu trabalho mais estimulante, e seu custo pode valer a pena se o seu trabalho levar apenas 5% a mais de tempo, e você cometer erros ocasionalmente. Na prática, porém, o custo costuma ser muito maior. Um estudo descobriu que, quando alternamos continuamente entre tarefas, **nosso trabalho leva 50% de tempo a mais em comparação com a realização de uma tarefa do início ao fim.** Se você estiver trabalhando com a pressão de um prazo ou com um prazo livre, considere fazer uma pausa antes de começar outra coisa para que uma quantidade maior desse resíduo atencional possa se dissipar. Quanto à sua produtividade, o melhor momento para fazer uma pausa é depois de terminar uma tarefa grande.

A qualidade de sua atenção

A intenção é o "leão de chácara" de seu espaço atencional; ela permite que os objetos produtivos entrem e mantém as distrações para fora.

Poucas coisas vão beneficiar mais sua qualidade de vida global do que *foco com intenção*. É impossível trabalhar e viver com intenção 100% do tempo – há demandas que entram no caminho, nosso foco muda, e nosso espaço atencional transborda –, mas podemos manter nossa intenção por tempo suficiente do dia para realizar muito mais do que de outra forma.

Este capítulo foi, em grande medida, teórico. A fim de pôr em prática os conselhos, você precisa fazer várias coisas: definir intenções com mais frequência, modificar seu ambiente para deixá-lo menos distrativo, superar a resistência mental que você tem para determinadas tarefas, eliminar distrações *antes de* atrapalharem você e tirar distrações da cabeça. Os capítulos seguintes abordam cada uma dessas ideias, mas entender os princípios por trás delas é essencial.

Escolher em que sua atenção está focada e manter um espaço atencional livre cumpre vários desses objetivos de uma vez. Você vai:

- conseguir realizar o que pretende com muito mais frequência;
- concentrar-se mais profundamente, já que você aprende a defender melhor seu espaço atencional;
- lembrar mais, porque você será capaz de processar com mais profundidade o que está fazendo;
- ter menos culpa e dúvida, sabendo que trabalhou com intenção;
- gastar menos tempo trabalhando em coisas sem importância;
- deixar de ser prejudicado por tantas distrações externas e internas;
- vivenciar maior clareza mental, estresse reduzido e se sentir menos sobrecarregado;
- sentir um propósito mais forte por trás de seu trabalho, porque escolheu o que merece sua atenção (trabalhar com intenção também impede você de sentir "tédio", que decorre de falta de propósito);
- desenvolver relacionamentos e amizades mais profundos quando dedicar mais atenção, e não apenas tempo, às pessoas.

Há várias maneiras de medir a qualidade de sua atenção, mas desenvolvi três indicadores para controlar meu progresso. Você pode usá-los para medir seu progresso conforme adota as táticas deste livro para sua vida:

1. Quanto de seu tempo você gasta intencionalmente?
2. Por quanto tempo consegue manter o foco por vez?
3. Por quanto tempo sua mente devaneia até você perceber?

Agora vamos a essas táticas.

Capítulo 3

O PODER DO HIPERFOCO

Introdução ao hiperfoco

Pense em seu último dia de trabalho superprodutivo, quando você realizou uma quantidade enorme de tarefas. Nesse dia, é possível que um determinado número de coisas tenha acontecido.

Para começar, você provavelmente estava concentrado em apenas uma coisa – talvez por necessidade, com o impulso do prazo curto. Essa única tarefa preencheu seu espaço atencional.

Provavelmente você também conseguiu esquivar-se das distrações e soube voltar para os trilhos sempre que surgia alguma interrupção. Enquanto estava trabalhando com foco intenso, não estava trabalhando de um jeito frenético, alternando constantemente entre tarefas. Quando sua atenção divagava – ainda que divagasse um pouco, foi menos que o normal –, você a trazia com rapidez de volta para a tarefa presente.

Seu trabalho provavelmente também tinha um nível confortável de dificuldade: não tão difícil a ponto de intimidar; não tão fácil a ponto de poder ser feito por hábito. Por isso, talvez sua mente tenha ficado *completamente* absorta no trabalho, entrando em um estado de "fluxo", no qual cada vez que você olhava para o relógio mais uma hora tinha voado, mesmo que sentisse que apenas 15 minutos haviam se passado. Por milagre, você conseguiu realizar o equivalente a várias horas de trabalho em cada período.

Por fim, assim que superou o obstáculo de pôr a mão na massa, sentiu pouca resistência para continuar. Mesmo trabalhando duro, você não se sentiu exausto depois disso; curiosamente, seu cansaço foi menor do que depois de dias de trabalho mais lentos. Sua motivação permaneceu forte mesmo quando teve de parar de trabalhar porque sentiu fome, porque teve uma reunião ou porque chegara a hora de ir para casa.

Nesse dia, você ativou o modo mais produtivo de seu cérebro: o *hiperfoco*.[7]

Quando você hiperfoca em uma tarefa, você expande uma tarefa, um projeto ou outro objeto de atenção de forma que ele preenche completamente seu espaço atencional.

Você entra nesse modo ao administrar sua atenção de forma deliberada e determinada: ao escolher um objeto de atenção importante, ao eliminar distrações que inevitavelmente surgirão enquanto você trabalha e, em seguida, ao se concentrar em apenas uma tarefa. O hiperfoco é muitas coisas ao mesmo tempo: é proposital, sem distrações, rápido para se reorientar e nos deixa completamente imersos em nosso trabalho. Também faz com que fiquemos imensamente felizes. Lembre-se de como você se sentiu energizado com seu trabalho da última vez que

---

7. Esse termo teve origem na literatura sobre TDAH [Transtorno do Déficit de Atenção com Hiperatividade] e descreve o fenômeno em que uma única tarefa consome a atenção total, seja essa tarefa importante ou não. Não é verdade que pessoas com TDAH não conseguem se concentrar – é apenas mais difícil para elas controlar o foco. Adaptei o termo, porém com um significado semelhante: foco intenso, mas com uma atenção deliberada. A profundidade do seu foco não importa se aquilo em que você põe sua concentração não for importante.

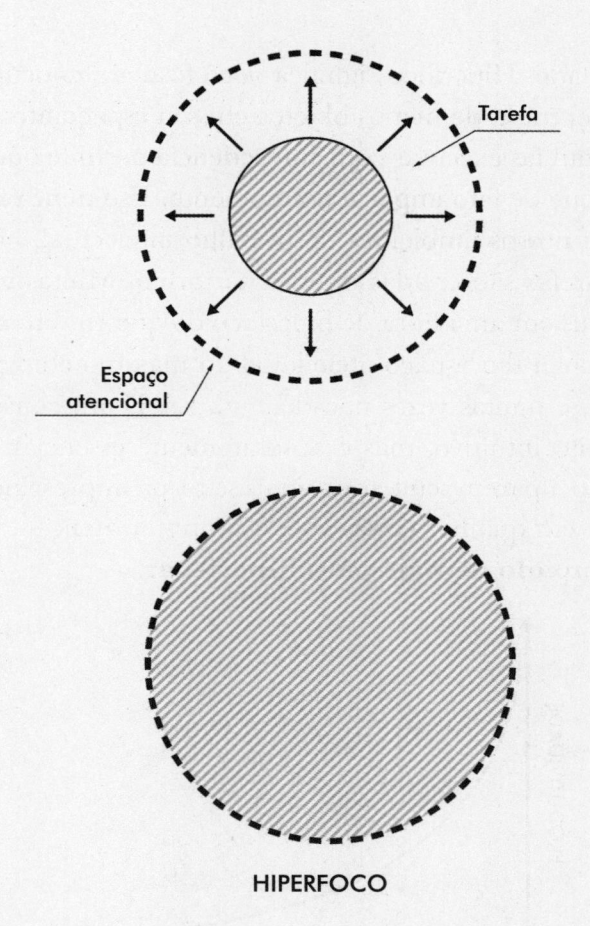

HIPERFOCO

esteve nesse estado. No hiperfoco, você pode até sentir mais descontração do que costuma experimentar quando está trabalhando. Ao permitir que uma tarefa ou um projeto consuma todo seu espaço atencional, esse estado não faz você se sentir estressado nem sobrecarregado. Seu espaço atencional não transborda, e o trabalho não parece tão caótico. Como o hiperfoco é muito mais produtivo, você pode reduzir um pouco a velocidade e ainda realizar uma quantidade incrível de trabalho em um curto período de tempo.

Esse modo talvez pareça um luxo ilusório nos ambientes ocupadíssimos em que trabalhamos e vivemos hoje. Mas isso está muito longe de ser verdade. Hiperfoco significa você ficar *menos* ocupado, porque permite a entrada de menos objetos em seu espaço atencional. Escolher quais tarefas executar com antecedência permite que você se concentre no que de fato importa no momento. Isso nunca foi tão crucial do que em nossos ambientes de trabalho intelectual, nos quais nem todas as tarefas são criadas da mesma forma. Muitas vezes você vai realizar mais em uma hora de hiperfoco do que em um dia inteiro em que preencheu seu espaço atencional ao máximo com preocupações múltiplas – e muitas vezes não deliberadas. É um conselho que não parece muito intuitivo, mas é absolutamente essencial: quanto mais demandas ocuparem seu tempo, mais se torna imprescindível escolher em quais e em quantas coisas você vai prestar atenção. **Você nunca estará ocupado demais para hiperfocar.**

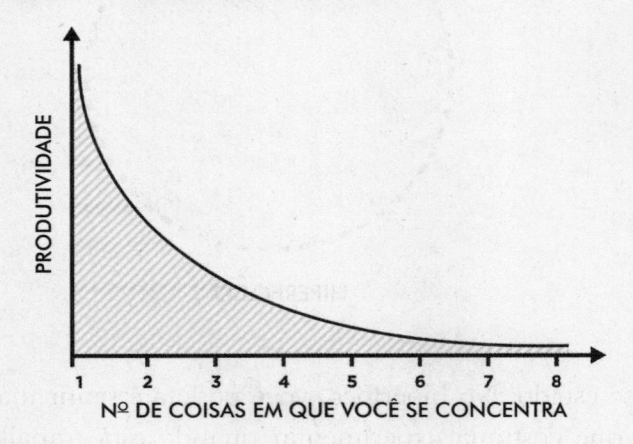

No que diz respeito a suas tarefas mais importantes, quanto menos coisas você tiver para prestar atenção, maior será sua produtividade.

Hiperfoco nos hábitos

O aspecto mais importante do hiperfoco é que apenas uma tarefa significativa ou produtiva vai consumir seu espaço atencional. Isso é simplesmente inegociável. O motivo: as tarefas, os projeto e compromissos mais essenciais tiram proveito de todos os bits de atenção extra. Em geral não são hábitos, que por padrão não consomem todo o seu espaço atencional.

Isso não quer dizer que seja impossível hiperfocar em um hábito. Não há tarefa pequena demais a ponto de não consumir sua atenção – se você se esforçar o suficiente, vai conseguir voltar sua atenção inteira para assistir à tinta secar na parede. Mas há duas razões por que é melhor reservar esse modo mental para tarefas complexas e não para hábitos.

Primeiro, é preciso ter força de vontade e energia mental para ativar o hiperfoco, extraindo esses elementos da oferta limitada que temos para consumir durante o dia. Como hábitos consomem muito pouco de nosso espaço atencional, não há de fato nenhuma necessidade de hiperfocar neles.

Segundo, e mais interessante: embora seu desempenho em tarefas complexas se beneficie com seu foco mais completo, seu desempenho na tarefa habitual *é prejudicado* quando você foca nele com atenção total.

Talvez você tenha vivenciado isso da última vez que notou que estava sendo observado enquanto caminhava, e você se concentrou para garantir que estava andando *como um ser humano normal*. É possível que tenha começado imediatamente a se movimentar como um perfeito robô, sentindo como se estivesse se movendo todo desajeitado pela calçada. Falando sem rodeios, seu desempenho de caminhada foi prejudicado.[8] Ou talvez da última vez em que foi ao boliche você tenha se flagrado pensando em por que estava marcando mais pontos do que de costume – o que exatamente você estava fazendo bem? Nesse momento seus adversários começaram a avançar e acabaram vencendo. Você hesitou, e seu desempenho foi afetado quando sua atenção foi toda voltada para uma partida que você costuma jogar por hábito.

---

8. Em partes, esse efeito se deve ao que em psicologia se conhece como efeito holofote – quando você acha que todo mundo o está observando, mas na verdade ninguém está dando a mínima.

Estudos que analisaram digitadores qualificados descobriram esse mesmo fenômeno: quanto mais atenção punham na digitação, mais devagar digitavam e mais erros cometiam. Ao executar essas tarefas habituais, é melhor não se concentrar por completo no que estiver fazendo.

Guarde o hiperfoco para as tarefas mais complexas, coisas que realmente vão se beneficiar de sua total atenção, como escrever um relatório, mapear o orçamento de sua equipe ou ter uma conversa com uma pessoa querida.

Algumas coisas maravilhosas acontecem quando você faz isso. Em primeiro lugar, como seu foco está voltado para uma única tarefa, é provável que algum espaço atencional fique sobrando, o suficiente para você também ser capaz de manter em mente sua intenção original. Como resultado, é menos provável que você saia dos trilhos por conta de distrações e interrupções, porque tem consciência suficiente para perceber que elas estão prestes a atrapalhar você. E, talvez, o mais importante: você também terá bastante atenção para pensar profundamente na tarefa enquanto trabalha. Isso permite que você lembre e aprenda mais, volte aos trilhos quando sua mente divagar e considere abordagens alternativas para resolver problemas. Tudo isso vai lhe poupar uma enorme quantidade de tempo para concluir a tarefa. Uma das melhores maneiras de fazer as coisas – e fazê-las mais rápido – é não se deixar focar em coisas que não são importantes.

Os quatro estágios do hiperfoco

A todo momento, seu foco está voltado ao seu ambiente externo, aos seus pensamentos ou a ambos. Se estiver lidando apenas com seu ambiente externo, significa que está efetivamente vivendo no piloto automático. Você entra nesse modo quando espera o semáforo abrir ou fica alternando entre os mesmos aplicativos no celular. Quando lida apenas com seus pensamentos, está divagando, devaneando. Isso pode acontecer quando você sai para uma rápida caminhada sem celular, quando sua mente divaga no chuveiro ou quando sai para correr. Você entra em hiperfoco quando aciona *os dois*, seus pensamentos e o ambiente externo, e os direciona a uma única coisa intencionalmente.[9]

Então, como entramos no modo hiperfoco?

A ciência sugere que passamos por quatro estágios quando começamos a nos concentrar. No primeiro, estamos focados (e produtivos). Então, supondo que nada nos distraia nem sejamos interrompidos, nossa mente começa a divagar. No terceiro, percebemos que nossa mente está divagando. Isso pode levar algum tempo, principalmente se não verificarmos com frequência o que está consumindo nosso espaço atencional. (Em média, percebemos cerca de cinco vezes por hora que nossa mente divagou.) Quarto, trazemos o foco de volta ao nosso objeto original de atenção.

Os quatro estágios do hiperfoco são formados usando essa mesma estrutura como modelo. Para hiperfocar, você deve:

1. escolher um objeto de atenção importante ou produtivo;
2. eliminar o máximo de distrações externas e internas que puder;
3. focar no objeto de atenção escolhido; e
4. atrair continuamente seu foco de volta àquele objeto de atenção.

Definir uma intenção na qual pretendemos nos focar é o passo mais importante – quanto mais produtiva e significativa a tarefa, mais

---

9. Assim, o hiperfoco é o estado que precede o que Mihaly Csikszentmihalyi chama de "fluxo" – o estado em que estamos inteiramente absortos naquilo que estamos fazendo, e o tempo passa a uma velocidade muito mais rápida. Como Csikszentmihalyi explica em sua obra *Flow*, quando estamos imersos nesse estado, "nada mais parece importar". Essa é outra razão pela qual focar em apenas uma coisa é essencial: nossa chance de vivenciar o fluxo aumenta exponencialmente quando não há várias coisas competindo por nossa atenção limitada. Hiperfoco é o processo que nos conduz ao fluxo.

produtivas e significativas suas ações se tornam. Por exemplo, se você definir que sua intenção é se concentrar na orientação de um novo funcionário, automatizar uma tarefa repetitiva ou debater uma nova ideia de produto, vai ser infinitamente mais produtivo do que se trabalhar sem intenção e no piloto automático.

Essa mesma ideia se aplica em casa: quanto mais importantes nossos objetos de foco, mais significativa se tornará nossa vida pessoal. Vivenciamos os benefícios do modo hiperfoco ao definir intenções simples como estar presente em uma conversa com nosso(a) parceiro(a) ou desfrutar de uma refeição com a família. Vamos aprender mais, lembrar mais e processar nossas ações mais profundamente – e, como resultado, nossa vida se torna mais significativa. Esse primeiro passo para alcançar o hiperfoco é essencial – a intenção tem absolutamente que preceder a atenção.

O segundo passo para alcançar o hiperfoco é eliminar o máximo possível de distrações internas e externas. Há uma razão simples por que somos vítimas da distração: em um momento, as distrações são objetos de atenção mais atraentes do que o que de fato deveria ser feito. Isso acontece tanto no trabalho quanto em casa. Os alertas de e-mail que surgem no canto da tela em geral são mais tentadores do que a tarefa que estamos fazendo em outra janela; a TV atrás de nosso amigo no bar costuma ser mais atraente do que o foco na conversa.

É infinitamente mais fácil lidar com as distrações com antecedência; no momento em que aparecem, muitas vezes já é tarde demais para defendermos nossa intenção contra elas. *Distrações internas* devem ser domadas também – inclusive as lembranças e os pensamentos aleatórios (e por vezes embaraçosos) que surgem quando estamos tentando nos concentrar, a resistência mental que temos diante de tarefas desagradáveis (como fazer o imposto de renda ou limpar a garagem) e as vezes em que queremos nos focar, mas nossa mente quer divagar.

Terceiro, o hiperfoco se torna possível quando nos concentramos no objeto de atenção escolhido durante um certo tempo. Isso envolve nos preparar por um período que seja confortável e viável. Quanto mais fundamentos criarmos nas duas primeiras etapas do hiperfoco, mais profundidade e confiança teremos para realizar a etapa três.

Em quarto lugar, e por último, hiperfocar significa voltar nossa atenção para o objeto de atenção original quando nossa mente divaga. Vou repetir esse item com frequência, pois é uma das ideias mais importantes deste livro: mais uma vez, pesquisas mostram que nossa mente divaga durante 47% do dia. Em outras palavras, se estamos acordados por 18 horas, estamos empenhados no que estamos fazendo durante apenas *oito*. É normal que nossa mente divague, mas é essencial centrá-la, assim conseguimos dedicar tempo e atenção ao que realmente está na nossa frente.

Além disso, levamos uma média de *22 minutos* para voltar a trabalhar em uma tarefa depois que somos distraídos ou interrompidos. É muito pior para nós quando interrompemos ou distraímos *a nós mesmos* – nesses casos, levamos *29 minutos* para voltar a trabalhar na tarefa original. Quanto mais frequentemente avaliarmos o que está ocupando nosso espaço atencional, mais rapidamente seremos capazes de voltar ao eixo. Não se estresse muito com isso agora, pois vamos ver esse fato com detalhes mais adiante.

O conceito de hiperfoco pode ser resumido em uma única frase sensata: mantenha um objeto de atenção importante e complexo na consciência enquanto trabalha.

Escolha em que focar

Atenção sem intenção é desperdício de energia. A intenção deve sempre preceder a atenção – na verdade, as duas ideias casam perfeitamente. Definir a intenção permite decidir como devemos gastar o nosso tempo; focar nossa atenção na tarefa faz com que ela seja cumprida de forma eficiente. A melhor maneira de se tornar mais produtivo é escolher o que você deseja alcançar antes de começar a trabalhar.

Quando estabelecemos intenções, é importante lembrar que nem todas as tarefas de trabalho são criadas da mesma maneira. Algumas nos permitem alcançar uma quantidade incrível de coisas a cada minuto que passamos com elas. São tarefas como: planejar os afazeres principais que você deseja realizar a cada dia, orientar um novo funcionário que se juntou à sua equipe há um mês e escrever aquele livro que você deseja há anos. Essas tarefas entram nos quadrantes "necessário" e "intencional" discutidos no Capítulo 1. Quando você compara o trabalho nesses quadrantes com tarefas desnecessárias e distrativas – como participar de reuniões inúteis, tirar o atraso nas redes sociais e checar repetidamente se chegaram novos e-mails –, não é difícil ver quais são mais produtivas. Quando não escolhemos a quais quadrantes de tarefas vamos dedicar nosso tempo, caímos no piloto automático.

Isso não significa que não podemos "nos virar" com o piloto automático. Ao estarmos alertas ao trabalho que chega às nossas mãos, podemos dar conta de grande parte dele e, provavelmente, sermos produtivos o suficiente para não perder o emprego. Mas o piloto automático também impede que nosso trabalho progrida de forma significativa. Suspeito que você não receba seu salário apenas para desempenhar o papel de "agente de trânsito", movendo e-mails, conversas e mensagens instantâneas de um lado para o outro. É claro que essas tarefas, e atender a demandas inesperadas que chegam para você, são necessárias. Mas, sempre que possível, você deve ter um papel ativo na *escolha* daquilo em que deve gastar seu tempo e sua atenção.

> **Se você ainda não tiver feito isso,** este é um ótimo momento para criar uma tabela 2 × 2 do seu trabalho,

ou seja, separar suas tarefas padrão mensais com base no seguinte: produtivas ou improdutivas, atraentes ou não atraentes. A ironia em investir em produtividade é que é quase impossível fazê-lo quando você está se arrastando nas trincheiras do escritório. Simplesmente há coisas demais para acompanhar – reuniões, fileiras de e-mail e prazos. Por esse motivo, a melhor tática de produtividade é aquela que exige que você dê um passo para trás e se afaste do trabalho para ter espaço mental e pensar criticamente sobre como deveria abordar aquele trabalho de maneira diferente. Dessa forma, quando voltar ao trabalho, você poderá fazê-lo de forma mais inteligente, e não apenas mais empenhada. Descobrir os quatro tipos de tarefa do seu trabalho é uma dessas atividades de "dar um passo para trás". Agora é o melhor momento para fazê-lo, especialmente antes de ler a próxima seção. Você vai levar entre cinco e dez minutos apenas.

Ao pesquisar atenção e intenção ao longo dos últimos anos, desenvolvi meus rituais diários favoritos de definição de intenção. Aqui estão os três principais.

1. A regra de 3

Se tiver familiaridade com o material que escrevi no passado, você provavelmente pode pular esta parte. Se não, me permita apresentar a regra de 3: **no início de cada dia, escolha as três coisas que quer ter realizado até o fim do dia.** Embora uma lista de tarefas seja útil para capturar as minúcias do dia, esses três espaços de intenção devem ficar reservados para suas tarefas diárias mais importantes.

Já faz vários anos que faço esse pequeno ritual todas as manhãs, desde que o conheci com o diretor de transformação digital da

Microsoft, J. D. Meier. A regra de 3 engana por sua simplicidade. Ao se forçar a escolher apenas três intenções principais no início de cada dia, você realiza várias coisas. Escolhe o que é importante, mas também o que não é importante; as limitações dessa regra obrigam você a descobrir o que de fato importa. A regra também é flexível dentro das limitações de seu dia. Se sua agenda está lotada de reuniões, esses compromissos podem ditar o escopo de suas três intenções, enquanto um dia livre de compromissos significa que você pode definir as intenções de realizar as tarefas mais importantes e menos urgentes. Se tarefas e projetos inesperados chegarem até você, é possível sopesar as novas responsabilidades com as intenções que você já havia definido. Como três ideias cabem confortavelmente dentro de seu espaço atencional, você pode acionar e lembrar suas intenções originais com relativa facilidade.

Certifique-se de que suas três intenções estejam onde você possa vê-las – eu mantenho as minhas no quadro branco gigante do escritório ou, se estou viajando, no topo da minha lista de tarefas diárias, que é sincronizada entre dispositivos no programa OneNote. Se você é como eu, também pode considerar útil definir três *intenções semanais*, bem como três intenções pessoais diárias – por exemplo, desconectar-se do trabalho durante o jantar, ir à academia antes de voltar para casa ou juntar recibos para dedução de imposto.

> Nos dias em que sua agenda estiver fechada – por exemplo, quando estiver participando de uma conferência –, talvez seja impossível determinar a forma como você vai dedicar seu tempo e sua atenção. No entanto, é possível alterar o *modo como você se relaciona* com o que precisa fazer. Por exemplo, em vez de criar a intenção de "assistir a palestras, conferências", opte por "fazer contato com cinco pessoas novas no coquetel de recepção".

2. Suas tarefas mais significativas

Um segundo ritual de definição de intenção que costumo seguir considera quais itens na minha lista de tarefas são os mais *significativos*.

Se você tiver o hábito de manter uma lista de tarefas (o que recomendo e vou discutir mais adiante no livro), pare um segundo para considerar as consequências da realização de cada tarefa – a soma das consequências de curto e de longo prazo. As tarefas mais importantes em sua lista são aquelas que levam às consequências mais positivas.

O que vai mudar no mundo – ou no seu trabalho ou na sua vida – como resultado de você passar um tempo cumprindo cada um dos itens de sua lista? Que tarefa é equivalente a um dominó em uma fileira de cem que, quando cai, dá início a uma reação em cadeia que lhe permite realizar um grande negócio?

Outra maneira de olhar a coisa: ao decidir o que fazer, em vez de considerar apenas as consequências imediatas de uma atividade, considere também as consequências de *segunda* e *terceira ordem*. Por exemplo, vamos imaginar que você esteja pensando em pedir churros de sobremesa. A consequência imediata da decisão é que você saboreie o doce. Mas as consequências de segunda e terceira ordem são um pouco mais difíceis. Uma consequência de segunda ordem pode ser que você vai se sentir muito mal pelo resto da noite. Consequências de terceira ordem podem incluir ganho de peso ou interrupção de um novo regime.

Essa é uma ideia poderosa para internalizar, em especial porque as tarefas mais importantes não são, muitas vezes, aquelas que imediatamente *parecem* mais urgentes ou produtivas. Escrever um guia para os novos contratados pode, no momento, não parecer tão importante quanto responder a uma dúzia de e-mails, mas se o guia reduz o tempo necessário para deixar cada novo funcionário a par do que está acontecendo na empresa, faz com que ele se sinta mais bem-vindo e também serve para torná-lo mais produtivo, é facilmente a tarefa mais significativa de sua lista. Outras tarefas significativas podem incluir automatizar uma tarefa chata e repetitiva, desconectar-se para poder se concentrar em projetar o fluxo de trabalho de um aplicativo que você está criando ou montar um programa de mentoria que permita que os funcionários compartilhem seus conhecimentos com mais facilidade.

Se você tem um monte de tarefas em sua lista, pergunte-se: quais são as mais significativas? Esse exercício funciona bem em conjunto com os quatro tipos de tarefa em seu trabalho. Assim que as tiver separado nos quatro quadrantes – necessário, intencional, distrativo e desnecessário –, pergunte-se: entre as tarefas necessárias e intencionais, quais têm o potencial de iniciar uma reação em cadeia?

3. O alarme de consciência

Definir três intenções diárias e priorizar suas tarefas mais significativas são ótimas maneiras de ser mais intencional todo dia e toda semana. Mas como é possível garantir que você esteja trabalhando intencionalmente de momento a momento?

No que diz respeito à produtividade, esses momentos surgem quando a realidade se apresenta – é inútil definir metas e intenções se você não age para cumpri-las durante o dia. Meu jeito favorito de garantir que vou me manter nos trilhos com minhas intenções é verificar com frequência o que está ocupando meu espaço atencional – para ver se estou focando no que é importante e significativo ou se passei para o modo piloto automático. Para fazer isso, defino um alarme de consciência a cada hora.

Um tema principal de *Hiperfoco* é que você não deve exigir demais de si quando perceber que seu cérebro está divagando ou fazendo qualquer outra coisa estranha. Sua mente sempre vai divagar, então considere como isso talvez apresente uma oportunidade para que você avalie como está se sentindo e, em seguida, para definir um caminho para o que fazer em seguida. Pesquisas mostram que estamos mais propensos a flagrar nossa mente divagando quando nos recompensamos por isso. Mesmo se minimizar uma ou duas distrações e definir apenas uma ou duas intenções por dia, você vai fazer isso melhor que a maioria. Se você for um pouco como eu, seu alarme de consciência pode, no início, revelar que, em geral, você não está trabalhando em algo importante. Isso é normal e até mesmo esperado.

O importante é que você verifique com regularidade o que está ocupando seu espaço atencional. Defina um alarme a cada hora no celular, no smartwatch ou em outro dispositivo; essa será sem dúvida a interrupção mais produtiva que você terá ao longo de todo o dia.

Quando o alarme tocar, pergunte-se o seguinte:

- Sua mente estava divagando quando o alarme de consciência tocou?
- Você está trabalhando no piloto automático ou em algo que escolheu fazer intencionalmente? (É muito gratificante ver essa questão melhorar ao longo do tempo.)
- Você está imerso em uma tarefa produtiva? Em caso afirmativo, quanto tempo esteve focando nela? (Se foi uma quantidade impressionante de tempo, não deixe que o alarme de consciência faça você tropeçar – mantenha o ritmo!)
- Qual é a coisa mais significativa que você poderia estar fazendo agora? Está trabalhando nela?
- Como está seu espaço atencional? Está transbordando ou você tem atenção de sobra?
- Existem distrações impedindo você de hiperfocar no trabalho?

Não é preciso responder a todas essas perguntas – escolha dois ou três lembretes que considerar mais úteis e que vão fazer você focar no que é importante. Fazer isso de hora em hora aumenta todas as três medidas de qualidade de atenção: ajuda você a se concentrar por mais tempo, uma vez que identifica e impede distrações antecipadamente; ajuda a perceber com mais frequência que sua mente divagou; e permite que, com o tempo, você dedique mais do seu dia de trabalho intencionalmente.

Quando iniciar essa verificação, você provavelmente não vai se sair tão bem e vai se flagrar com frequência trabalhando no piloto automático, cedendo às distrações e gastando tempo com tarefas desnecessárias e distrativas. Tudo bem! Quando isso acontecer, ajuste o curso para trabalhar em uma tarefa que seja mais produtiva e dome qualquer distração que tenha tirado você dos trilhos naquele momento. Se notar as mesmas distrações surgindo com frequência, elabore um plano para lidar com elas. (Vamos tratar disso no próximo capítulo.)

Tente definir um alarme de consciência para um dia de trabalho esta semana. Embora as interrupções sem dúvida sejam incômodas no início, elas vão estabelecer um novo hábito valioso. Se não gosta da ideia de um alarme de consciência, tente usar algumas deixas em seu ambiente que façam você pensar sobre o que está ocupando seu espaço atencional. Eu já não uso um alarme de consciência a cada hora, embora acredite que tenha sido o método mais útil para chegar à prática. Hoje reflito sobre aquilo em que tenho trabalhado durante alguns horários predeterminados: cada vez que vou ao banheiro, quando saio da minha mesa de trabalho para pegar água ou chá ou quando meu telefone toca. (Atendo à ligação após alguns toques, depois de refletir sobre o que estava ocupando meu espaço atencional.)

Como definir intenções mais firmes

Nas últimas décadas, Peter Gollwitzer se tornou um dos mais renomados pesquisadores na área de intenção. Talvez ele seja mais conhecido por seu estudo pioneiro sobre a importância de não só definir intenções, mas também de torná-las bem específicas. Embora, muitas vezes, nós cumpramos nossas intenções vagas, as intenções específicas aumentam muito nossas chances de sucesso de modo geral.

Digamos, por exemplo, que você correu para definir suas intenções pessoais hoje de manhã e chegou à seguinte lista:

1. Ir à academia.
2. Parar de trabalhar quando chegar em casa.
3. Ir para a cama em um horário razoável.

Deixei essas intenções deliberadamente vagas. Como podemos torná-las mais específicas e com mais chances de serem cumpridas?

Em primeiro lugar, vale a pena considerar quanto essas intenções são eficazes do jeito como as formulei. Com certeza são mais eficazes do que não fazer nada. Na verdade, as pesquisas de Gollwitzer demonstraram que mesmo essas intenções vagas aumentam em cerca de 20% a 30% suas chances de cumpri-las com sucesso. Então, se tiver sorte, você vai poder riscar mais uma ou duas da lista. Nada mal!

No entanto, definir intenções mais específicas faz algo notável: aumenta muito nossas chances de sucesso. Em um estudo, Gollwitzer e sua colega de pesquisa Veronika Brandstatter pediram aos participantes que definissem uma intenção de concluir uma meta difícil durante o recesso de fim de ano – tal como terminar uma dissertação acadêmica, encontrar um apartamento novo ou resolver um conflito com a pessoa amada. Alguns alunos definiram uma intenção vaga, enquanto outros definiram o que Gollwitzer chama de "intenção de implementação". Ele explica o termo da seguinte forma: "Fazer um plano detalhado sobre como você quer alcançar o que deseja alcançar. O que afirmo em minha pesquisa é que as metas precisam de planos, planos que idealmente incluam quando, onde e que tipo de atitude tomar para avançar na direção do objetivo". Em outras palavras, se o objetivo vago de um aluno era "encontrar um apartamento durante o recesso de fim de ano", sua intenção de implementação poderia ser "vou procurar apartamentos em anúncios na internet e mandar e-mail para três proprietários nas semanas antes do Natal".

As coisas ficam interessantes quando comparamos os dois grupos de participantes de Brandstatter e Gollwitzer. Uma marca notável de *62%* dos alunos que definiram uma intenção de implementação específica persistiu em suas metas. O grupo que não definiu uma intenção de implementação foi muito pior, persistindo na intenção original durante apenas *um terço* do tempo – ou seja, míseros 22% do tempo. Esse efeito, que estudos posteriores validaram, foi positivamente surpreendente. **Definir intenções específicas pode dobrar ou triplicar suas chances de sucesso**.

Com isso em mente, vamos rapidamente transformar minhas três intenções vagas em intenções de implementação:

1. "Ir à academia" transforma-se em "Programar-se para ir à academia no horário de almoço".
2. "Parar de trabalhar quando chegar em casa" é reestruturada para "Deixar meu celular de trabalho no modo avião e meu notebook de trabalho em outro cômodo, e não me conectar durante a noite".
3. "Ir para a cama em um horário razoável" vira "Definir um alarme para ir dormir às 22h e, quando ele disparar, começar a desacelerar".

Intenções de implementação são tão poderosas quanto os hábitos. Quando você começa com um hábito, seu cérebro se encarrega do restante da sequência, em grande parte, no piloto automático. Ao definir uma estratégia para uma intenção de implementação, quando encontrar a deixa para iniciá-la – quando seu horário de almoço estiver chegando, quando chegar em casa depois de um dia estressante no trabalho ou quando seu alarme com horário de ir dormir disparar –, você inconscientemente vai começar a se mexer para alcançar seus objetivos. Suas intenções não precisam de esforço quase nenhum para começar. Como Gollwitzer e Brandstatter dizem, "o início de ação fica rápido, eficiente e não exige intenção consciente". Em outras palavras, começamos a agir na direção do nosso objetivo original automaticamente.

Gollwitzer me contou que as intenções não necessariamente têm de ser precisas se forem específicas o bastante para a pessoa compreender e identificar as deixas situacionais: "Fizemos estudos com jogadores de tênis, e eles fizeram planos sobre como queriam reagir aos problemas que poderiam surgir no jogo. Alguns foram especificando 'quando eu ficar irritado' ou 'quando eu ficar nervoso'. O que não é muito específico ou concreto, mas funcionou maravilhosamente bem, pois eles sabiam o que queriam dizer com 'nervoso'. Especificar significa que a pessoa consegue identificar a situação crítica".

Existem duas limitações a serem observadas na definição de intenções específicas. Primeiro, você precisa de fato se importar com suas intenções. Intenções de implementação não funcionam tão bem para objetivos que não sejam especialmente importantes para você ou que você tenha abandonado por muito tempo. Se na década de 1990 você tinha o objetivo de ter a maior coleção de Furbys do mundo, provavelmente vai ter muito menos motivação para alcançar essa meta hoje.

Segundo, intenções fáceis de realizar não precisam ser tão específicas. Decidir com antecedência quando você vai trabalhar em uma tarefa é significativamente mais importante quando se trata de tarefas difíceis, e não quando sua intenção é fazer algo simples. Se você estiver em um fim de semana, e a sua intenção for se exercitar na academia pelo menos uma vez, você não precisa ser tão exigente quanto ao dia e horário. No entanto, se estiver tentando realizar algo mais desafiador, como dizer não à sobremesa no restaurante no sábado, definir uma intenção mais específica é essencial. Aquela intenção vaga pode se tornar mais específica quando você planejar olhar para o menu de sobremesas e educadamente recusá-las, permitindo-se tomar apenas um café descafeinado. Essa limitação funciona bem para intenções mais pessoais, mas, quando a segunda-feira chegar, talvez você precise, mais uma vez, definir intenções mais ponderadas. "Quando os objetivos são difíceis, ou quando você tem muitos objetivos e é difícil alcançá-los todos, fazer um planejamento funciona especialmente bem", acrescenta Gollwitzer.

Dê início a um ritual de hiperfoco

O foco do próximo capítulo é a domesticação das distrações externas e internas que inevitavelmente tiram o hiperfoco dos trilhos. Porém, antes de discuti-las, quero apresentar algumas estratégias simples para você começar a hiperfocar em suas intenções. Elas vão se tornar infinitamente mais poderosas quando você aprender a domar as distrações no trabalho com antecedência.

Primeiro, vamos discutir como focar e, em seguida, quando. As duas ideias são bastante simples.

Como hiperfocar:

- **Comece "entendendo" por quanto tempo você deseja hiperfocar.** Tenha um diálogo interno sobre quanta resistência você sente em relação a esse modo hiperfocado, sobretudo quando estiver se preparando para uma tarefa difícil, frustrante ou não estruturada. Por exemplo: "Eu me sinto confortável me concentrando por uma hora? De jeito nenhum. Por 45 minutos? Melhor, mas ainda não. Então 30 minutos? É factível, mas, mesmo assim... tudo bem, 25 minutos? Isso eu provavelmente consigo". É incrivelmente gratificante ver seu limite de hiperfoco aumentar ao longo do tempo. Force seu limite a aumentar, mas não muito. Quando comecei a praticar o hiperfoco, iniciei com blocos de 15 minutos, cada um deles pontuado por um período de cinco a dez minutos de distração. Hiperfocar o dia inteiro não me parecia uma tarefa muito agradável, e algumas distrações estimulantes sempre são divertidas, principalmente no início. Logo você se acostuma a trabalhar com menos distrações.

- **Antecipe os obstáculos.** Se eu sei de antemão que terei alguns dias agitados pela frente, logo no início da semana gosto de já deixar programados meus períodos de hiperfoco – vários períodos durante a semana que vou usar para me concentrar em algo importante. Dessa forma, garanto que vou separar um tempo para hiperfocar, em vez de ser arrebatado por tarefas de última hora e pelos apagamentos de incêndio metafóricos. Esse planejamento permite que meus colegas e meu assistente saibam que não podem contar comigo naqueles períodos e também me faz lembrar quando vou estar comprometido com o foco. Em semanas como essas, alguns minutos de planejamento prévio podem salvar horas de desperdício de produtividade.
- **Defina um alarme.** Costumo usar o celular para isso, o que talvez pareça irônico, considerando as distrações que ele pode trazer. Se essas distrações no celular vão provocar um buraco negro de foco, coloque-o em modo avião, use um relógio ou recorra a um timer.
- **Hiperfoque!** Quando perceber que sua mente divagou ou que você se distraiu, traga sua atenção de volta à sua intenção. De novo, não seja exigente demais quando isso acontecer – é assim que seu cérebro está programado para funcionar. Se sentir que pode avançar por mais tempo quando o alarme tocar – o que provavelmente vai acontecer, porque você vai estar mandando muito bem –, não pare.

Essa parte dá conta do *como*. Veja algumas sugestões que descobri que funcionam no momento de decidir *quando* hiperfocar:

- **Sempre que puder!** Claro que precisamos de tempo para as pequenas coisas, mas quanto mais você puder hiperfocar, melhor. Durante a semana, agende o máximo de blocos de tempo para hiperfoco que seu trabalho permitir, e pela duração que for confortável para você. Ficamos mais produtivos e felizes quando trabalhamos em uma coisa importante por vez, então não há nenhuma razão para não passar o máximo de tempo possível nesse modo. Sempre que tiver uma tarefa ou um projeto importante e um período no qual possa trabalhar nele, não deixe passar essa oportunidade de hiperfocar – você vai perder um tanto de produtividade se deixá-la escapar. Claro, devido à natureza do nosso trabalho, muitas vezes precisamos fazer um monte de atividades colaborativas, o que exige estarmos disponíveis para os colegas. Porém, quando estiver trabalhando em uma tarefa que só você pode fazer, é o momento perfeito para entrar no modo hiperfoco.
- **Quando as limitações do seu trabalho permitirem.** A maioria de nós não tem o luxo de hiperfocar sempre que quiser. A produtividade muitas vezes é um processo de compreender nossas limitações. Na maior parte dos dias, vamos conseguir encontrar algumas oportunidades para hiperfocar e, em outros, simplesmente não vai ser possível – esse último caso acontece, pelo menos para mim, principalmente durante viagens, quando estou em uma conferência ou quando tenho um dia cheio de reuniões exaustivas. Não deixe de considerar as restrições de tempo e energia – e, se possível, contorne esses obstáculos quando estiver planejando sua semana.
- **Quando precisar trabalhar em uma tarefa complexa.** Embora eu tenha começado a hiperfocar usando a programação de blocos de tempo na agenda, agora entro nesse modo sempre que estou trabalhando em uma tarefa ou um projeto complexo que vai se beneficiar de toda a minha atenção. Se só estou verificando meu e-mail, não defino uma intenção de

hiperfoco, mas se estou escrevendo, planejando uma palestra ou participando de uma reunião importante, sempre faço isso.

- **Com base na sua aversão ao que pretende cumprir.** Quanto mais aversão você tiver a uma tarefa ou projeto, mais importante será dominar distrações com antecedência. É mais provável que você procrastine diante de tarefas que considerar chatas, frustrantes, difíceis, ambíguas ou não estruturadas, ou que você não considere recompensadoras ou significativas. Na verdade, se você se lembrar de algo que está postergando, é possível que isso tenha a maioria dessas características. Quanto mais aversão você tiver a uma tarefa, mais importante será entrar em estado hiperfocado para poder trabalhar nela com intenção.

Forme seu foco

Nos próximos capítulos, vou apresentar as ferramentas de que você precisa para desenvolver seu foco. Como você vai descobrir, sua capacidade de hiperfocar depende de alguns fatores que afetam a qualidade de sua atenção:

- Com que frequência você procura novos objetos de atenção? (Muitas vezes é por isso que resistimos de início a um ritual de hiperfoco.)
- Quantas vezes você costuma sobrecarregar seu espaço atencional?
- Com que frequência sua atenção é perturbada por interrupções e distrações?
- Quantas tarefas, quantos compromissos, quantas ideias e outras questões não resolvidas você está acumulando na cabeça?
- Com que frequência você pratica a metaconsciência (verificar o que já está consumindo sua atenção)?

Conforme vamos discutir adiante, até mesmo seu humor e sua dieta podem influenciar o hiperfoco. Por esses motivos e outros, cada um tem um ponto de partida diferente quando se trata de entrar nesse modo.

Ironicamente, quando comecei a explorar a pesquisa sobre como administrar melhor nossa atenção, eu mal conseguia me concentrar por alguns minutos antes de me distrair. Isso acontece muito quando buscamos sempre objetos de atenção novos e trabalhamos em um ambiente distrativo.

Conforme fui fazendo experimentos com a pesquisa, consegui aumentar progressivamente a quantidade de tempo em que consigo hiperfocar, e me acostumei a trabalhar com menos distrações. Escrevi a frase que você está lendo agora perto do fim de uma sessão de hiperfoco de 45 minutos – a terceira do dia. Essas sessões me permitiram escrever exatamente 2.286 palavras em cerca de duas horas. (Essa é uma das partes divertidas na escrita de um livro sobre produtividade: você consegue checar se seus métodos de trabalho de fato funcionam usando-os para escrever o próprio livro.) A terceira sessão foi meu último bloco de hiperfoco, e, entre esses períodos, verifiquei e-mails, aproveitei para dar uma olhada nas redes sociais e tive uma rápida conversa com um ou dois colegas de trabalho.

Mas este não é um desses momentos. E me concentrar em apenas uma coisa – escrever estas palavras – foi o que me fez ser tão produtivo ao longo dos últimos 45 minutos. Isso vai funcionar para você também.

Capítulo 4

DOME AS DISTRAÇÕES

Quarenta segundos

Duas especialistas fascinantes com quem tive a oportunidade de falar ao escrever este livro foram Gloria Mark e Mary Czerwinski. A primeira é professora de ciência da informação na Universidade da Califórnia, em Irvine, e é talvez a maior especialista em atenção e multitarefa. Ela já realizou estudos sobre o tema em parceria com a Nasa e com empresas como Boeing, Intel, IBM e Microsoft. Já Czerwinski é investigadora-chefe na Microsoft e uma das principais especialistas em como pessoas e computadores interagem.[10] Seu trabalho e minhas conversas com ela ilustram grande parte deste capítulo. As duas cientistas se uniram para realizar dezenas de estudos sobre nossa relação diária com a tecnologia.

O que mais adoro no trabalho delas é que ambas são experts no que é chamado de investigação *in situ*, ou seja, a realização de pesquisas em

---

10. A Microsoft realiza uma quantidade surpreendente de pesquisa – durante a escrita deste livro, ela empregava mais de 2 mil pessoas que faziam e publicavam pesquisas em tempo integral.

locais reais com trabalhadores de verdade. Para medir quanto os participantes ficavam estressados depois de realizar mais de uma tarefa ao mesmo tempo ou redigir um e-mail, Mark e Czerwinski prenderam monitores cardíacos neles durante 24 horas por dia para mapear a variação dos batimentos – uma medida cientificamente validada de estresse. Com a permissão deles, as duas instalaram um programa de registro no computador dos participantes para observar exatamente com que frequência alternavam entre tarefas – a cada 40 segundos. É um choque descobrir que nos interrompemos com uma frequência ainda maior quando mantemos abertos aplicativos como o Messenger e o Skype – a cada *35* segundos.

Mencionar o trabalho delas vale a pena por diversos motivos. Em primeiro lugar, a investigação *in situ* é muito mais difícil de conduzir – Gloria Mark demorou *seis anos* para encontrar uma organização que lhe permitisse analisar seus funcionários quando ficaram sem e-mail por uma semana, por exemplo –, mas a abordagem é particularmente interessante. Como ela me explicou: "Em vez de levar alguém a um laboratório e criar condições artificiais para simular o mundo, você vai *para* o mundo e observa as coisas como realmente são".

Segundo, vale a pena examinar essa pesquisa porque ela é inovadora. De longe meu estudo favorito conduzido por elas é o que descobriu a alternância de tarefas a cada 40 segundos, conforme mencionei acima. É muito frequente irmos da produtividade e da imersão completas no trabalho até a interrupção para fazer algo não relacionado e muito menos relevante. Interrompemos uma conversa importante com um amigo para olhar para o celular; deixamos de lado a elaboração de um relatório para iniciar uma conversa inútil em um aplicativo de mensagens; paramos a criação de uma planilha do Excel para conversar com um colega de escritório sem motivo nenhum.

Em outro estudo, elas descobriram que alternamos entre aplicativos de computador *566 vezes* durante a jornada de trabalho média. Esse número inclui distrações que nada têm a ver com o nosso trabalho –

verificamos o Facebook, por exemplo, uma média de 21 vezes por dia. (Essa média inclui todos os participantes do estudo, alguns dos quais não olharam o Facebook nenhuma vez. Quando se calcula a média entre as pessoas que visitaram o Facebook pelo menos uma vez, o número quase duplica: são 38 verificações diárias.)

Obviamente, nosso trabalho sofre com essas distrações e por não entrarmos em um estado hiperfocado. Compensamos trabalhando de forma mais rápida e frenética, o que afeta a qualidade do que produzimos e nos estressa. E, talvez o mais importante, deixamos de controlar e de administrar de fato nossa atenção.

Interrupções que estão de algum modo relacionadas a um projeto em que estamos envolvidos não atrapalham nossa produtividade de forma tão grave – se alguém nos envia uma mensagem com informações pertinentes a um relatório que estamos preparando, conseguimos, por exemplo, nos reorientar com relativa facilidade. Mas é raro termos apenas um projeto para dar conta – em média, estamos lidando com cerca de dez simultaneamente.

Talvez valha a pena manter as notificações de e-mail e mensagem se você e sua equipe estiverem colaborando no mesmo projeto de forma intensa, mas, na maioria das vezes, não é o caso. Os custos de uma interrupção não relacionada podem ser gigantescos: levamos uma média de *25 minutos* para voltar a trabalhar em uma atividade depois que somos interrompidos e, antes de retomar essa atividade, trabalhamos com uma média de 2,26 outras tarefas. Ou seja, nós não nos ocupamos simplesmente da distração ou da interrupção e, em seguida, voltamos para a tarefa original – nós nos distraímos *uma segunda vez* antes de fazê-lo.[11]

---

11. Distrações se tornam ainda mais custosas depois dos 40 anos de idade. Seu espaço atencional encolhe conforme você envelhece, o que torna mais difícil voltar para os trilhos. É impressionante que, apesar de seu espaço atencional encolher conforme você envelhece, sua mente divague de fato *menos*. O sistema que processa a informação em nosso cérebro diminui com o envelhecimento – isso reduz a possibilidade de sermos vítimas de uma distração atrás da outra.

Quando você se conscientiza da frequência com que se interrompe, é difícil voltar a trabalhar da mesma forma. Por isso esse conhecimento é essencial para administrar seu espaço atencional com sabedoria. É possível se concentrar durante muito mais tempo quando você domina as distrações previamente.[12]

Por que adoramos distrações

Há uma razão simples por que somos vítima de distrações. Embora saibamos que são improdutivas, elas se tornam muito mais atraentes do que nosso trabalho. Quando nosso cérebro está resistindo de leve a uma tarefa, ele busca coisas mais atraentes para fazer em vez dessa tarefa.

Deixe sua mente agir sozinha por alguns segundos e você vai ver que ela vai gravitar para objetos de atenção mais cativantes (e em geral menos importantes) que aqueles em que você deveria se concentrar.

Não conseguimos nem mesmo ir ao banheiro sem nos distrair de forma impensada. Eu de fato adoraria saber como a duração das nossas pausas para ir ao banheiro mudou com o tempo – se eu pudesse dar um chute, diria que elas no mínimo dobraram agora que temos sempre nossos smartphones conosco.[13]

Nosso impulso em direção às distrações é agravado pela inclinação embutida em nosso cérebro à novidade e pelo fato de que sites e aplicativos

---

12. Uma questão que surge com frequência na pesquisa atencional é como homens e mulheres diferem quando se trata de multitarefas. As mulheres sofrem menos interrupções e *se* interrompem menos de forma geral. E fazem isso enquanto trabalham em vários projetos de uma vez. Em comparação com os homens, as mulheres também são mais felizes e engajadas no ambiente de trabalho.

13. Algo que *diminiu* desde a chegada dos smartphones? A venda de chicletes. Desde 2007 – ano em que o iPhone chegou ao mercado –, as vendas de gomas de mascar diminuíram 17%. Claro que a correlação não implica que seja a causa principal, mas isso faz a gente pensar.

oferecem uma dose de estímulos e validação impensados cada vez que os visitamos. Você deve ter algumas notificações à sua espera cada vez que abre o Twitter – quem compartilhou seu último post, novas pessoas que começaram a seguir você e assim por diante. É difícil resistir ao impulso de entrar no site durante o dia todo, sabendo que outra dose de validação está a apenas um clique de distância. Mesmo se você não tiver mensagens à sua espera, a possibilidade de que *poderia* ter atrai você de volta a ele. Deletei minha conta no Facebook há alguns anos por esse mesmo motivo.

Estou digitando estas palavras em uma janela na tela de meu computador, mas sei que, a qualquer momento, é possível abrir outra que poderia proporcionar horas de distração. A escrita é uma tarefa difícil à qual meu cérebro resiste. Adoro o resultado, mas o processo exige uma concentração muito maior de energia do que entrar nas redes sociais, responder a e-mails ou dar uma olhada nas notícias. Se eu não desativar as distrações do computador com antecedência, talvez eu também tenha que dar adeus à minha produtividade.

Para fazer uma pequena experiência, não bloqueei nenhuma das distrações no meu computador hoje de manhã. Deixado à mercê dos meus dispositivos, entrei em um *loop* interminável de websites estimulantes por 30 minutos. Olhando meu histórico de navegação, eu visitei:

- Twitter;
- Reddit (especificamente o teclado mecânico do "subreddit");
- vários sites de notícias, incluindo Feedly, *New York Times*, CNN, *Verge* e MacRumors;
- minha segunda conta do Twitter;
- e-mail (tenho três contas de e-mail e verifiquei cada uma por uma ou duas vezes);
- a página da Amazon do meu primeiro livro, para ver se estava vendendo bem e se havia alguma nova resenha de leitor.

Também é importante notar que entrei nesses sites *depois de* meditar durante 25 minutos – um ritual que em geral me possibilita agir com mais intenção. É possível que você tenha sua própria lista de sites e aplicativos distrativos que frequenta quando está resistindo a uma tarefa.[14]

O caso acima, por si só, deveria dissipar qualquer noção de que, como especialista em produtividade, tenho um nível sobre-humano de autocontrole. Sou *melhor* em administrar meus impulsos *com antecedência*. Depois de escolher por quanto tempo você vai se concentrar, eliminar as distrações é a segunda etapa de hiperfoco. Eliminá-las antes de se debruçar em uma tarefa torna o ato de se concentrar infinitamente mais fácil, pois tarefas importantes preenchem seu espaço atencional de forma bem natural quando não há nada competindo com elas. Considerando que as distrações têm o potencial de atrapalhar nossa produtividade com tanta frequência e por tanto tempo, é imperativo lidarmos com elas antecipadamente – antes de precisarmos empregar nossa preciosa força de vontade para resistir ao seu fascínio.

Os quatro tipos de distrações

No Capítulo 1, apresentei os quatro tipos de tarefas: as produtivas, que são ou *necessárias* ou *intencionais*, e as improdutivas, que são ou *desnecessárias* ou *distrativas*. Nesta seção, nosso foco serão as tarefas distrativas que são atraentes e improdutivas.

Defino como "distração" qualquer coisa que nos desvie de nossas intenções. Nesse aspecto, distrações e interrupções são praticamente a mesma coisa, porque ambas nos afastam do que pretendemos

---

14. Curiosamente, é provável que suas distrações mais frequentes sejam diferentes dependendo do seu trabalho no momento. Quando está fazendo um trabalho de rotina, é mais provável que visite o Facebook ou inicie uma interação pessoalmente com um colega de trabalho. Quando está focado em um trabalho mais complexo, é mais provável que verifique seus e-mails.

realizar. Algumas interrupções são essenciais – como uma informação que você recebe e esteja relacionada àquilo em que está trabalhando no momento. Mas a maioria delas vale a pena domar previamente.

Se dermos um zoom no quadrante "trabalho distrativo" do primeiro capítulo, poderemos dividi-lo com base em dois critérios: se temos ou não controle sobre as distrações e se vamos considerá-las irritantes ou divertidas.

Se você classificou suas atividades profissionais na tabela dos quatro tipos de trabalho no Capítulo 1, utilize as tarefas no quadrante distrativo como ponto de partida para preencher a tabela a seguir. Você terá que adicionar alguns itens – sua tabela de distrações deve conter tudo (mesmo que pequenas coisas) que afaste você de suas intenções no momento. Também deve incluir as distrações que não estão especificamente relacionadas ao trabalho, tais como notícias e sites de rede social que você visita enquanto trabalha. Não vou pedir para você realizar muitos exercícios enquanto lê este livro, mas, quando eu o fizer, definitivamente será por um bom motivo.

QUATRO TIPOS DE DISTRAÇÕES/INTERRUPÇÕES

	IRRITANTES	DIVERTIDAS
SEM CONTROLE		
COM CONTROLE		

Para ilustrar como ficaria uma tabela preenchida, aqui estão as distrações típicas que atrapalham minhas intenções no decorrer de um dia inteiro:

QUATRO TIPOS DE DISTRAÇÕES/INTERRUPÇÕES

	IRRITANTES	DIVERTIDAS
SEM CONTROLE	•Visitantes no escritório •Colegas barulhentos •Reuniões	•Almoços com a equipe •Ligações de entes queridos •Conversas no cafezinho
COM CONTROLE	•E-mail •Alertas do telefone •Reuniões	•Sites de notícias •Redes sociais •Aplicativos de mensagens

Vamos começar com os dois quadrantes superiores – como lidar com distrações e interrupções que *não podemos* controlar.

São duas as origens dessas distrações – nós mesmos e os outros –, e é importante lidar com ambas com antecedência. Não podemos evitar que todas as distrações surjam; mesmo que fechássemos a porta de nossa sala com a intenção de hiperfocar durante algumas horas, ainda receberíamos ligações telefônicas e batidas ocasionais na porta. Muitas distrações são evitáveis, mas muitas não são, pelo menos não sem incorrer em grandes custos sociais. No entanto, pesquisas mostram que nós nos interrompemos tanto quanto somos interrompidos por outras pessoas.[15] Como Gloria Mark comenta: "Pensar em como podemos evitar interrupções externas na verdade só resolve metade do problema".

As distrações vindas dos outros não são tão prejudiciais quanto as vezes em que nós nos interrompemos. Levamos em média 29 minutos para retomar uma tarefa depois de termos nos interrompido – no entanto, voltamos aos trilhos cerca de seis minutos mais rápido quando somos interrompidos por outra pessoa. Sejam 29 ou 23 minutos, ainda

---

15. No entanto, se você é gerente ou coordenador de equipe, a situação é diferente; nesse caso, 60% de suas interrupções vêm de outros.

estamos perdendo muita produtividade. Essa é uma das inúmeras razões por que é tão útil verificar periodicamente o que está ocupando nosso espaço atencional. Quando notamos que as distrações nos tiraram do rumo, gastamos menos tempo em tarefas distrativas e voltamos ao eixo com mais rapidez.

Embora não possamos evitar que interrupções aconteçam, podemos controlar como reagimos a elas. A melhor maneira de lidar com tarefas irritantes que não podemos impedir de roubar nosso espaço atencional – visitas ao escritório, colegas barulhentos e reuniões desnecessárias – é manter nossa intenção original em mente e voltar à tarefa pretendida o mais rápido possível.

Também precisamos ter mais propósito ao reagir às distrações *divertidas* que não podem ser controladas. De todos os conselhos que apresento neste livro, esta é a tática com que mais tive dificuldade. Muitas vezes fico tão empolgado ao realizar minhas intenções que me torno rígido e mal-humorado quando sou interrompido – não importa quanta alegria a interrupção possa me trazer. Porém, descobri que a melhor forma de reagir a distrações agradáveis e não controláveis – como almoços em equipe e ligações de entes queridos quando estou no meio de um trabalho – é fazer um esforço planejado para abraçá-las e me permitir *apreciá-las*, mas, mesmo assim, voltar aos trilhos quando puder. Aborrecer-se com coisas que simplesmente não dá para controlar é um desperdício de tempo, energia e atenção. Aos poucos, aprendi a usar essas interrupções como uma deixa para relaxar um pouco e aceitar qualquer diversão que tire minha produtividade dos trilhos – enquanto, periodicamente, me lembro da minha intenção original para poder voltar ao eixo quando tiver oportunidade.

Livre de distrações

A maioria das distrações se enquadra na categoria que de fato *é possível* controlar e, por isso, deve ser domada com antecedência.

QUATRO TIPOS DE DISTRAÇÕES/INTERRUPÇÕES

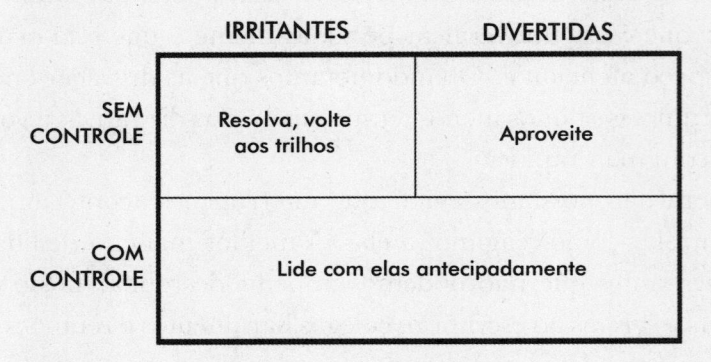

Com o tempo, desenvolvi dois modos de trabalho:

1. Um modo livre de distrações, no qual entro sempre que estou prestes a hiperfocar.
2. Um modo regular de distração reduzida, no qual trabalho com um número administrável de distrações durante todo o dia.

Ao longo do dia, podemos alternar entre fazer dois tipos de trabalho: trabalho focado e trabalho colaborativo. O trabalho focado se beneficia de toda a atenção que pudermos lhe dedicar – quanto menos distraídos estivermos, mais profundo será nosso foco e mais produtivos vamos nos tornar. Isso nos permite, como o autor Cal Newport diz, fazer um "trabalho profundo".

O trabalho colaborativo, por outro lado, envolve interagir com outras pessoas e estar disponível caso alguém precise de você. Quanto mais você e sua equipe estiverem disponíveis uns para os outros, mais produtiva a equipe será como um todo. Quando estamos envolvidos em um trabalho colaborativo, é melhor entrar no modo distração reduzida, no qual você doma suas maiores distrações, mas ainda as mantém acessíveis quando você precisar.

Vamos abordar primeiro o modo mais intenso, livre de distração.

> A divisão da quantidade de trabalho focado e de trabalho colaborativo varia de acordo com o seu tipo de trabalho. Se você é assistente administrativo, seu trabalho pode envolver 90% de colaboração e 10% de trabalho focado. Se é escritor, seu trabalho pode exigir 90% de foco e 10% de colaboração. Pergunte a si mesmo: qual é a divisão aproximada de seu trabalho de modo geral?

Criar um modo livre de distrações permite eliminar quase todas as distrações controláveis com antecedência para que você possa hiperfocar em suas tarefas mais importantes. **Ao remover cada objeto de atenção que tenha um potencial mais estimulante e atraente do que o que você pretende fazer, você não dá ao cérebro nenhuma opção além de trabalhar nessa tarefa.**

Estou escrevendo estas palavras no meu modo livre de distrações. Para entrar nesse modo e hiperfocar, eu:

- abro um aplicativo de bloqueio de distrações no computador, o que me impede de acessar os sites que atrapalham minha produtividade – e-mail, redes sociais, Amazon e qualquer outro aplicativo ou site que inseri em uma lista de bloqueio. Especifico o período de tempo no qual desejo hiperfocar e, se quiser acessar quaisquer sites bloqueados durante esse período, preciso *reiniciar meu computador fisicamente*. Como a maioria do meu trabalho é feita no computador, essa é, sem dúvida, a medida mais importante a tomar. Também coloco meu computador no modo "não perturbe", assim não me distraio quando chegam notificações;
- deixo meu celular no modo "não perturbe" e o mantenho longe do meu campo de visão ou em outro cômodo; assim, não fico tentado a usá-lo;

- tomo um café se não for para a cama nas próximas dez horas (mais uma vez, levamos uma média de oito a 14 horas para metabolizar e eliminar a cafeína do corpo);
- coloco fones de ouvido com cancelamento de ruído, assim não me distraio com sons no ambiente ao meu redor. Eu nem sempre os uso em minha sala ou se estou trabalhando em um quarto de hotel, mas faço isso sempre que estou hiperfocando em um avião ou em um café.

Que distrações atrapalham sua produtividade no decorrer do dia? Quantas delas você consegue desativar simultaneamente com um aplicativo de bloqueio ou outra tática? Faça um plano rápido por escrito, como o mencionado acima, que vai servir de guia para você lidar com essas distrações com antecedência. Quando descobrir que sua atenção saiu dos trilhos, reflita sobre o que causou isso, assim você poderá desativar a distração da próxima vez que ela se aproximar. Por exemplo, quando me distraio com um novo site ou aplicativo enquanto estou no modo livre de distrações, adiciono imediatamente esse site à minha lista de bloqueio. Aqui estão mais algumas sugestões para a criação de seu modo livre de distrações:

- **Existem muitos aplicativos disponíveis que impedem distrações.** Alguns de meus favoritos para computador são Freedom (pago, mas há uma versão gratuita de teste para Windows, Mac, iPhone e iPad), Cold Turkey (gratuito, mas existe uma versão paga para Windows, Mac e Android) e RescueTime (pago, mas há uma versão gratuita de teste para PC, Mac, Android e Linux). A maioria deles custa poucos dólares por mês para a versão pro, mas você vai recuperar esse dinheiro com o aumento da produtividade. As pesquisas corroboram: pessoas que usam bloqueadores de distração são mais produtivas e mantêm o foco por longos períodos.

- **Se o seu local de trabalho restringe os aplicativos ou plug-ins que você pode instalar no computador**, considere desligar o cabo Ethernet ou desligar o Wi-Fi do seu computador. Parece exagero, mas gastamos muito de nosso tempo de internet procrastinando.
- **Saia do escritório.** Se você trabalha em um ambiente mais flexível, talvez descubra que um modo livre de distrações pode incluir trabalhar fora, em um café ou em uma sala de reunião.
- **Seja atencioso e não subestime (ou superestime) os custos sociais de seu modo livre de distrações.** Considere os efeitos de se fechar para os colegas de trabalho, principalmente se o seu local de trabalho for um ambiente social. Ao mesmo tempo, não *superestime* os custos sociais: ainda que você possa se sentir culpado por ignorar seus e-mails por 30 minutos, lembre que seus clientes e colegas de trabalho costumam esperar uma hora ou duas para receber uma resposta sua, enquanto você está em reuniões. É uma lição que reaprendo constantemente: como regra geral, seus colegas de trabalho precisam muito menos de você do que você acha que precisam.
- **Permita-se uma regalia.** Depois de concluir uma sessão de hiperfoco e sair do modo livre de distrações, eu ocasionalmente me permito uma regalia com um open bar de distrações. Pesquisas mostram que, quanto mais impulsiva é a pessoa, mais estressada ela fica ao bloquear suas distrações. Se tiver pouco autocontrole ou sentir uma impulsividade à flor da pele, entregar-se a uma pausa de distração aleatória pode ser benéfico. (Observação: a impulsividade é o traço de caráter mais altamente correlacionado à procrastinação.) Em geral, também me permito tomar uma xícara de café ou de chá antes de voltar ao modo livre de distrações, o que reforça positivamente meu comportamento para me concentrar com mais profundidade.

- **Crie um modo livre de distrações para sua equipe.** Dale Partridge, autor de *People Over Profit*, foi longe, a ponto de dar à equipe luminárias e arminhas de esguicho para encorajá-los a se concentrar quando foi CEO da Sevenly. Como ele explicou: "Uma das coisas mais inteligentes que fiz na Sevenly foi mandar fazer luminárias de nogueira personalizadas para toda a equipe. Eles as ligavam sempre que queriam se concentrar, e a regra era que ninguém tinha permissão para interrompê-los quando a luz estivesse acesa. Todos os 45 funcionários estavam autorizados a passar até três horas diárias em foco ininterrupto – tivemos que limitar, porque esse tempo sem interrupção era viciante! Também equipei todos com uma arminha de esguicho para que pudessem espirrar água uns nos outros quando fossem interrompidos".

> Estamos apenas começando a entender de que forma traços como o escrúpulo, a neurose e a impulsividade atuam juntos para determinar quanto é possível nos distrairmos. Essas características determinam também quanto estresse o uso de bloqueadores de distração pode causar. Se você descobrir que sente muita ansiedade quando ativa um bloqueador, pode decidir usá-lo apenas quando estiver trabalhando em uma tarefa que seja especialmente onerosa ou quando tiver menos energia (e, portanto, menos capacidade de resistir às distrações).

A intensidade de seu modo livre de distrações depende do seu ambiente de trabalho. Se você trabalha de forma autônoma ou tem uma sala com porta, é provável que tenha mais flexibilidade para eliminar distrações. No entanto, se trabalha em um ambiente de escritório aberto, colaborativo, talvez não seja capaz de criar um modo livre de distrações tão intenso quanto gostaria. A produtividade é um processo de compreender suas limitações e se adaptar a elas.

Sempre tenho uma sensação estranha e maravilhosa quando entro no meu modo livre de distrações, e acho que você também terá. De repente, você não precisa ver notícias, entrar em redes sociais e checar um interminável fluxo de e-mails. Você pode relaxar, confiante de que não vai mais perder tempo e atenção em atividades instintivas. Vai fazer um trabalho significativo e hiperfocar por um longo período. E vai saber que, como está investindo seu tempo, sua atenção e sua energia em apenas uma tarefa, conseguirá desacelerar e trabalhar de forma mais intencional.

O modo livre de distrações também permite que você conserve energia. Quando elimina as distrações, sua energia dura mais, e você consegue trabalhar por longos períodos sem precisar de pausa. Ao desativar as distrações com antecedência, você gasta significativamente menos energia mental controlando seu comportamento para se concentrar no trabalho. Além disso, quanto menos precisamos controlar nosso comportamento – quando não temos que lutar contra distrações ou observar o que dizemos quando lidamos com um colega de trabalho –, mais energia nosso trabalho gera. As pausas são energizantes por esse mesmo motivo – elas são um bolsão de tempo em que podemos apertar o botão de pausa no controle comportamental. Talvez você descubra que, embora pretendesse hiperfocar por apenas um período curto, terá energia para continuar por ainda mais tempo.

O modo livre de distrações é especialmente valioso depois de um longo fim de semana ou das férias, pois, durante esses períodos, você terá menos energia e ficará mais suscetível à distração. Domar as distrações em seu trabalho permite que você aumente sua energia conforme volta ao seu ritmo regular de trabalho.

Trabalhando com distrações reduzidas

Como é impossível trabalhar em modo hiperfoco 100% do tempo, devemos também aprender a aproveitar os benefícios de eliminar distrações durante outros períodos do dia. Para descobrir quais devem ser controladas, pergunte-se: quais distrações interrompem seu foco ao longo do dia e com as quais não vale a pena perder 20 minutos ou mais de produtividade? Não é possível desativar essas distrações por completo, e talvez você nem queira, mas vale a pena refletir mais sobre o que interrompe seu trabalho.

O e-mail é um grande exemplo de distração que é importante controlar, mas não eliminar. O e-mail é um bicho estranho: consome muito mais atenção do que tempo. (As reuniões são o oposto; em geral, consomem mais tempo que atenção.) Obviamente, eliminar o e-mail não seria uma saída realista, mas sim tentar ter mais controle sobre o momento em que você vai verificar as mensagens. Isso vai permitir que você recupere o domínio sobre sua atenção. Sempre que habilita as notificações de e-mail, você permite que seus colegas de trabalho interrompam seu foco sem mais nem menos – no instante em que recebe uma notificação de e-mail, você já perdeu o controle. Decidir antecipadamente quando vai verificar suas mensagens significa que você mantém o controle sobre sua atenção e resiste a entrar no piloto automático.

Definir um horário específico para se concentrar em distrações como e-mail, reuniões, celular e redes sociais transforma as distrações em meros elementos intencionais de seu trabalho e da vida. A tecnologia deveria existir para nossa conveniência, não para a conveniência de quem quer nos interromper. Inúmeras coisas pedem nossa atenção no decorrer do dia. Escolhi cinco dentre as mais comuns: uma enxurrada constante de notificações, celulares (e outros dispositivos distrativos), e-mail, reuniões e, por fim, a internet.

Notificações

Uma atividade que já recomendei neste livro é percorrer as configurações de notificação em todos os seus dispositivos e desativar os alertas sonoros e vibratórios que causam interrupções sem as quais você consegue viver tranquilamente. Deixar as configurações-padrão ligadas inundará você com um fluxo *constante* de interrupções. Também vale limitar a interrupção de certos aplicativos em apenas um único dispositivo; não há nenhuma razão para o telefone, o tablet, o relógio e o computador informarem que você recebeu um e-mail sobre uma promoção em sua loja de roupas preferida.

Desativar a maioria dos alertas sonoros e de vibração é uma mudança simples, mas que na prática é muito profunda: de repente, você escolhe quando seu celular vai fazer uma interrupção, em vez de o celular decidir quando vai interromper. Eu, pessoalmente, só dou uma olhada nas novas mensagens de texto e nas notificações quando vejo as horas no celular.

Cada notificação tira você do que está fazendo e lembra que há todo um mundo digital do qual você não está participando. As notificações são ilusórias, pois, embora leve apenas um segundo para olhar uma, esse momento pode sugar você para dentro de um turbilhão digital no qual você facilmente vai perder meia hora de tempo e atenção. Não são muitas as notificações que valem esse dreno de produtividade.

Dito isso, devo acrescentar que vale a pena receber *algumas* notificações 100% do tempo – ligações, por exemplo. Embora eu verifique meu e-mail apenas uma vez por dia – como vou comentar a seguir –, com frequência aciono uma notificação para apenas um contato, se estou esperando uma mensagem importante. Fazer isso leva um minuto ou dois, mas recupero com facilidade esse tempo considerando a profundidade com que consigo me concentrar. Dessa forma, eu paro de me preocupar e de ficar verificando compulsivamente a caixa de entrada a cada poucos minutos. Configurar seu e-mail para receber notificações apenas de um grupo de "remetentes VIP" também é possível na maioria dos aplicativos e permite que você decida quem pode interrompê-lo no decorrer do dia.

Assim como é possível lidar com notificações individuais, também se pode definir *quando* você vai permitir que aplicativos causem uma distração. Um de meus rituais diários favoritos é colocar o celular e outros dispositivos em modo avião entre 8h e 20h. É quando tenho menos energia e estou mais propenso a ser prejudicado pelas distrações. Além disso, pesquisas mostram que ficamos menos propensos à multitarefa quando encerramos nossas atividades diárias e vamos para a cama cedo na noite anterior. Se ativar o modo avião parecer drástico demais, considere a possibilidade de ativar o modo "não perturbe" enquanto trabalha.

Seu celular (e outros dispositivos)

Além de gerenciar as notificações que seus dispositivos vão disparar, vale a pena começar a decidir quando, onde e com que frequência você vai usar esses dispositivos.

O celular provavelmente é seu objeto de atenção mais estimulante e original, e sem dúvida ele será uma tentação para você, em especial quando a tarefa em que está trabalhando se torna mais intimidante ou complexa. Com o tempo, mudei meu relacionamento com o celular; em vez de vê-lo como um dispositivo que deve permanecer preso no meu bolso o dia inteiro, comecei a considerá-lo um computador mais poderoso e mais irritante. Tirando a comunicação via rádio, nossos telefones têm as mesmas peças de um computador, mas, por algum motivo – talvez porque nos ofereçam tanto estímulo e tanta validação durante o dia todo – permitimos que façam interrupções constantes, infinitamente mais que nossos computadores. Não deveríamos dar tanto poder a nenhum dispositivo retangular brilhante.

Quando comecei a enxergar meu smartphone apenas como mais uma distração, passei a deixá-lo dentro da mochila, e não no bolso. E, o mais importante, faço questão que haja um bom motivo antes de verificá-lo. Essa mudança de atitude permitiu que eu usasse o celular com intenção, em não no piloto automático. Cada vez que você pega o celular sem intenção, isso atrapalha sua atenção sem nenhum bom motivo.

Aqui vão mais algumas estratégias para evitar que o celular (e outros dispositivos) assuma o controle de sua vida:

- **Cuidado com o vão.** Resista ao impulso de ficar fuçando no celular quando estiver esperando na fila do supermercado, indo para um café ou ao banheiro. Use essas pequenas pausas para refletir sobre o que está fazendo, para recarregar e considerar abordagens alternativas para o trabalho e a vida. Em momentos como esses, não vale a pena gastar tempo de forma negligente no celular; isso elimina um espaço precioso em sua programação.

- **Faça uma troca de telefone.** Troque de celular com um amigo ou outra pessoa querida quando estiver em um jantar ou um passeio com eles. Dessa forma, se precisar olhar alguma coisa, fazer uma ligação ou tirar uma foto, você terá um dispositivo para fazê-lo, mas ele não sugará você para um mundo personalizado de distrações.

- **Use o modo avião estrategicamente.** Coloque o celular em modo avião quando estiver trabalhando em uma tarefa importante ou quando for tomar um café com alguém. É impossível compartilhar tempo de qualidade sem partilhar também atenção de qualidade. Ativar o modo avião faz uma diferença maior do que simplesmente deixar o telefone no bolso, pois, nesse caso, você ainda está consciente de que as notificações e as distrações estão se acumulando e esperando você. O modo avião elimina por completo a possibilidade de uma notificação interromper seu trabalho. Você pode lidar com esses alertas mais tarde e nos seus próprios termos.

- **Compre um segundo dispositivo para "distrações".** Pode parecer um pouco bobo, mas recentemente comprei um iPad que uso com um único objetivo: ter um dispositivo para distrações. Mantenho alguns aplicativos de rede social (e nenhum aplicativo de e-mail) no celular e uso meu iPad para todas as coisas distrativas. Delegar essas tarefas ao iPad – que deixo em outra sala – permite que eu me concentre por mais tempo e mais profundamente, caso eu precise deixar meu celular por perto. Comprar um tablet para esse propósito único é um investimento considerável no início, mas sua atenção vale a pena.

- **Crie uma pasta "Bobagens".** Tente incluir a maioria dos aplicativos distrativos – aqueles que levam você ao piloto automático – em uma pasta chamada "Bobagens" no celular ou tablet. O nome da pasta serve como um lembrete de que você está prestes a se distrair.
- **Limpe sua lista de aplicativos.** Percorra seu celular e exclua os aplicativos com que desperdiça muito tempo e muita atenção – inclusive aplicativos de redes sociais e notícias. Fazer isso pode parecer estranhamente revigorante, uma espécie de limpeza periódica no seu telefone. Considere quais aplicativos têm a mesma funcionalidade em outros dispositivos. Talvez não valha a pena manter um aplicativo de e-mails se você também consegue acessá-los pelo tablet; talvez seja bom excluir o aplicativo de investimentos que você olha compulsivamente se puder acessar as mesmas informações no notebook.

Nos últimos 30 anos, cada vez mais dispositivos invadiram nossa vida. Para mim, o processo começou com meu primeiro notebook, bem mais de uma década atrás. Depois, comprei um celular simples e, em seguida, um smartphone ainda mais distrativo. Em seguida, veio um iPad e um rastreador de exercícios físicos. Tenho certeza de que haverá mais dispositivos no meu futuro.

E essa é uma armadilha que vivenciamos com cada vez mais frequência: trazer novos dispositivos para nossa vida sem questionar seu valor. Clayton Christensen, professor da Faculdade de Administração de Harvard, desenvolveu uma maneira útil de avaliar os dispositivos em sua vida: questionar quais "serviços" os dispositivos "contratados" podem executar por você. Todos os produtos que compramos deveriam fazer um trabalho por nós – contratamos Kleenex para assoar o nariz; Uber para ir de um lugar a outro; OpenTable para reservar uma mesa em um restaurante; Tinder para encontrar um relacionamento.

Contratamos nosso celular para prestar muitos desses "serviços", talvez mais do que qualquer outro produto que possuímos. Nós o contratamos para ser despertador, relógio, câmera, GPS, videogame, caixa de e-mail, cartão de embarque, tocador de música, rádio, bilhete de metrô, agenda, mapa e muito mais. Não é à toa que gastamos tanto tempo com ele.

Conforme acumulamos mais dispositivos, os serviços podem se tornar redundantes. O único motivo que me leva a ter um tablet hoje é porque eu o contrato como meu dispositivo de distrações. Se não precisasse desse serviço específico, é provável que tivesse contratado o tablet para fazer exatamente o mesmo trabalho realizado pelo celular e pelo computador – me ajudar a navegar pela internet e usar as redes sociais –, e ele seria totalmente desnecessário.

Recentemente me livrei do meu rastreador de exercícios físicos por esse motivo; embora tenha sido muito divertido no começo, eu não conseguia me lembrar para que serviço eu o havia contratado. Vários anos atrás, eu me livrei de minha assinatura de TV a cabo, e pelo mesmo motivo: a Netflix se tornou minha prestadora de serviço preferida para entretenimento passivo.

Antes de comprar outro dispositivo, pergunte-se: eu o estou contratando para quais serviços que meus dispositivos atuais não fornecem? Pensar sobre os dispositivos dessa forma obriga você a considerar por que você os tem e, talvez ainda mais importante, permite que você traga dispositivos para sua vida apenas de forma intencional.

E-mail

Na economia do conhecimento, o e-mail é uma das maiores distrações que enfrentamos todos os dias; normalmente é o maior problema para as pessoas com quem converso e que oriento (as reuniões ocupam um segundo lugar bem próximo).

Uma das melhores estratégias para domar o e-mail é limitar o número de notificações de e-mail que você recebe, o que limita a frequência com que você é interrompido. Segundo pesquisas, 64% das pessoas usam notificações com sinais sonoros ou visuais para alertá-las sobre novas mensagens. Se você se encaixa nessa categoria, provavelmente está gastando tempo e atenção demais com o e-mail.

Além de limitar os alertas de novas mensagens, aqui vão minhas dez táticas favoritas sobre e-mail. Elas vão ajudar você a verificar sua caixa de entrada de forma mais intencional e restringir o tempo e a atenção que você dedica às mensagens. Muitas dessas estratégias também funcionam para outros aplicativos de mensagens, como o Slack.

- **Verifique se há novas mensagens somente se tiver tempo, atenção e energia para lidar com o que talvez tenha chegado.** É um gatilho simples e permite que você tenha certeza de que pode de fato lidar com novas mensagens, em vez de se estressar com coisas novas às quais você precisa responder.
- **Mantenha um registro da frequência com que você verifica as mensagens.** A média de verificação de e-mail para quem trabalha com conhecimento é de 11 vezes *por hora* – ou seja, 88 vezes durante um expediente. É difícil terminar qualquer trabalho de verdade com tantas interrupções. O mesmo estudo revelou que funcionários gastam uma média de apenas 35 minutos com o e-mail por dia, o que significa que ele consome muito mais atenção do que tempo. Assim que você souber com que frequência checa se recebeu novas mensagens, é provável que queira reduzir a quantidade de tempo pelo custo elevado das interrupções.
- **Decida antecipadamente quando vai verificar.** Determinar com antecedência quando vai verificar se há novas mensagens faz milagres ao reduzir o número de vezes que você abre o e-mail. Cerca de 70% dos e-mails são abertos em até seis segundos depois de serem recebidos, então desligar as notificações

vai ajudar você a trabalhar com menos agitação e mais reflexão. Pessoalmente, eu verifico novas mensagens uma vez por dia, às 15h, e tenho uma resposta automática que notifica as pessoas sobre essa regra. Se essa frequência não for realista para o seu trabalho, encontre um número compatível – se for menos de 88 vezes durante um dia de trabalho, você já estará melhor que a média. Programar esses blocos de tempo em sua agenda e definir a resposta automática ajuda você a se sentir mais confortável e a se manter socialmente responsável. Se ainda achar o e-mail muito tentador, ative um bloqueador de distração para se manter desconectado. Oitenta e quatro por cento dos trabalhadores mantêm sua caixa de entrada aberta em segundo plano enquanto trabalham, e fechá-la vai ajudar você a ir além da marca de 40 segundos.

- **Hiperfoque no e-mail.** Se você trabalha em um ambiente que exige uma reação rápida a e-mails, tente hiperfocar ao responder a suas mensagens. Defina um alarme de 20 minutos e, durante esse tempo, lide com o máximo de e-mails que puder. Mesmo se receber um número extraordinário de mensagens na caixa de entrada, hiperfocar durante 20 minutos, mesmo que seja ao fim de cada hora, vai lhe permitir responder às pessoas com rapidez e ainda realizar um trabalho significativo no restante do tempo. Além disso, seus contatos terão de esperar por uma resposta apenas entre 40 e 60 minutos.
- **Limite os pontos de contato.** São necessários apenas 10 segundos para realizar uma das mais importantes táticas de produtividade: excluir o aplicativo de e-mail do seu celular. Tenho um aplicativo de e-mail apenas no meu dispositivo de distrações e no meu computador.
- **Mantenha uma lista externa de tarefas.** Seu aplicativo de e-mail é o pior lugar possível para manter uma lista de tarefas – é distrativo e opressivo, e coisas novas chegam o tempo

todo, o que torna difícil priorizar tarefas e dizer o que é de fato importante. Uma lista de atividades – na qual você simplesmente mantém um registro do que precisa fazer no dia, de preferência com as três intenções diárias na parte superior – é mais simples e muito mais poderosa. Embora seja necessário um pouquinho mais de tempo para mover para uma lista separada todos os seus e-mails que demandam alguma ação, fazer isso vai lhe deixar com uma sensação de menos sobrecarga e permitir que você organize melhor o que precisa fazer.

- **Tenha duas contas de e-mail.** Tenho dois endereços de e-mail: um público e um particular, para os meus colegas mais próximos. Enquanto entro na minha conta pública uma vez ao dia, verifico rapidamente a outra caixa de entrada algumas vezes por dia. Em alguns casos, essa é uma estratégia que vale a pena adotar.
- **Tire umas "férias" do seu e-mail.** Se estiver em meio a um projeto grande, configure uma resposta automática explicando que tirou um dia ou dois de "férias" do seu e-mail, mas que continua no escritório e pode atender ao telefone ou interagir pessoalmente no caso de solicitações urgentes. As pessoas compreendem muito mais essa estratégia do que se pode pensar.
- **Use a regra de cinco frases.** Para poupar seu tempo e respeitar o tempo dos destinatários de seus e-mails, escreva mensagens de cinco frases ou menos e adicione uma nota à sua assinatura de e-mail explicando que está fazendo isso intencionalmente. Se sentir vontade de escrever mais do que isso, aproveite a oportunidade para telefonar. Isso pode evitar que você se envolva em uma troca prolongada e desnecessária de mensagens.
- **Aguarde antes de enviar mensagens importantes.** Não são todos os e-mails que precisam ser enviados imediatamente; isso se prova verdadeiro sobretudo quando você está em um estado de sobrecarga emocional ao redigir a resposta. Talvez você até decida que algumas respostas nem valham a pena ser

enviadas. No caso de mensagens importantes, trocas fervorosas ou e-mails que exijam mais reflexão, permita-se um tempo para responder – e deixe sua mente divagar para deixar que ideias novas, melhores e mais criativas surjam.

Seja qual for a maneira como você lida com ele, o e-mail continua a ser um dos elementos mais estressantes de nosso trabalho. Um estudo fez algumas pessoas ficarem sem e-mail e observou que, após um período de apenas *uma semana*, a variação dos batimentos cardíacos havia mudado significativamente, conforme elas ficavam menos estressadas. Os participantes interagiram com mais frequência com as pessoas, passaram mais tempo realizando tarefas, fizeram menos coisas ao mesmo tempo e tiveram muito mais foco. A ausência do e-mail permitiu que as pessoas trabalhassem mais devagar e com mais intenção. Quando a experiência terminou, os participantes descreveram a experiência como libertadora, pacífica e revigorante. Embora seja impossível se livrar do e-mail por completo, tente as táticas acima e veja o que funciona melhor para você.

Reuniões

Depois do e-mail, as reuniões são uma das maiores distrações que enfrentamos ao longo do dia. Elas também consomem uma quantidade enorme de nosso tempo. Um estudo recente descobriu que, em média, quem exerce um trabalho intelectual gasta 37% do tempo em reuniões, o que significa que, se você tem um expediente de oito horas, costuma gastar três horas por dia em reuniões.

As reuniões são extremamente onerosas – juntar até mesmo um pequeno grupo de pessoas em uma sala de conferência por uma hora pode fazer você facilmente perder todo um dia de trabalho. Isso sem contar o tempo necessário até que todos voltem a atenção para o que está sendo discutido. Não há nada de intrinsecamente errado com esses encontros, mas reuniões inúteis são um dos maiores ralos de produtividade nas empresas modernas.

Aqui estão quatro das minhas maneiras favoritas de reduzir o número de reuniões e tornar mais produtivas aquelas de que você participar:

- **Nunca participe de uma reunião sem pauta.** *Nunca*. Uma reunião sem pauta é uma reunião sem propósito. Sempre que sou convidado para uma reunião sem pauta, seja com quem for, vou perguntar o objetivo dela. Com frequência quem a agendou vai descobrir que o objetivo pode ser resolvido com alguns e-mails ou uma ligação. Evite qualquer reunião sem pauta – seu tempo é muito valioso.
- **Questione cada reunião recorrente em sua agenda.** Muitas vezes deixamos de questionar o valor de reuniões de rotina. Repasse o próximo mês ou dois em sua agenda e reflita: quais reuniões recorrentes de fato valem seu tempo e sua atenção? Algumas podem ser mais valiosas do que parecem na superfície, sobretudo quando permitem que você se conecte e saiba mais a respeito do que sua equipe está fazendo, mas muitas não são. Pode ser difícil escapar de algumas, mas tirar alguns minutos para abrir espaço com elegância em sua agenda vai economizar *horas* mais tarde.
- **Questione a lista de presença.** Todo mundo que foi convidado precisa estar lá? Normalmente, a resposta é não. Se você é gerente ou coordenador de equipe, ou apenas deseja economizar o tempo de alguém, avise certos participantes cuja presença não é fundamental e diga que, embora eles sem dúvida sejam bem-vindos, a presença deles é opcional se tiverem algo mais importante a fazer.
- **Hiperfoque em reuniões.** Envolver-se pode ser difícil quando as reuniões consomem mais o seu tempo do que a sua atenção e energia. Mas se você concluir que vale a pena participar de uma, ou que você não pode ficar de fora, aproveite! Deixe o celular ou computador para trás e foque no que todos

estão dizendo; contribua com o que puder e, sempre que possível, ajude a avançar com a pauta de modo que todo mundo possa sair mais cedo. Talvez, no fim das contas, você saia ganhando muito dessa reunião.

Algumas das melhores estratégias de produtividade que você pode adotar parecerão óbvias em retrospecto, e eu incluiria as sugestões acima nessa categoria – cada uma delas é questão de bom senso. No entanto, o grande benefício de qualquer livro sobre produtividade (e eu admito que sou suspeito para falar) é que ele permite que você dê um passo para trás no trabalho para observar o que poderia fazer de forma diferente. Como diz o ditado, o senso comum nem sempre é uma ação comum.

A internet

Algumas das distrações que apresentei nesta seção têm algo em comum: sua origem é a internet. Por mais que ela seja uma ferramenta poderosa, ela nos distrai, nos interrompe e nos leva a gastar um monte de tempo no piloto automático. Assim como nossa mente divaga enquanto trabalhamos, muitas vezes navegamos na internet no modo "sonhar acordado" ativo, alternando entre sites e aplicativos sem intenção.

Embora a redução de distrações e a criação de um modo livre de distrações já seja um longo caminho para ajudá-lo a trabalhar com mais intenção, muitas vezes vale a pena dar um passo adiante e se desconectar da internet *por completo*. Isso pode ser benéfico não só no local de trabalho. Estar desconectado da internet por um período de 12 horas em casa dá uma bela revigorada. Quando estiver viajando, se decidir não comprar acesso à internet em um ônibus ou avião, você se sentirá produtivo e revigorado como nunca. Você gasta cerca de metade do tempo on-line procrastinando – muitas vezes, as vantagens de estar conectado simplesmente não valem o tempo que se leva para fazer as coisas.

Não basta ficar só ouvindo minhas palavras: tente de fato se desconectar completamente por um período de 24 horas no próximo domingo e incentive sua família a fazer o mesmo. Da próxima vez que viajar, em vez de comprar acesso à internet no avião, trabalhe em um projeto off-line que seja importante, mas não urgente. Reflita depois: quanto você sente que se revigorou? Quanto foi capaz de render? Se for como eu, provavelmente vai ter motivação para limitar o acesso à internet no futuro também.

Simplifique seu ambiente

Há vários anos, trabalhei no departamento de recrutamento de uma grande empresa. Uma de minhas colegas de trabalho, Penny, mantinha sobre a mesa uma pequena tigela com jujubas. Isso em si não era notável, mas o que eu achava notável era o fato de *ela não comer quase nenhuma*. Não que ela não gostasse de jujubas – ela apenas não ficava tão tentada com aquilo. Todo dia ela comia só algumas, deixando o restante para qualquer um que passasse ali por acaso.

Eu provavelmente comi uns 90% daquelas jujubas. Cada vez que entrava na sala da Penny, eu pegava um punhado – uma quantidade que, pelo menos aos meus olhos, sempre se aproximava do limite socialmente aceitável. Se eu tivesse um recipiente semelhante na minha sala, acho que as jujubas não teriam durado uma tarde. (Sexta-feira passada, minha noiva e eu organizamos uma festa, e sobraram dois pacotes grandes de batata chips. Comi os dois em dois dias.)

Meus amigos muitas vezes se surpreendem quando eu conto histórias como essas – sendo alguém que tem um trabalho em tempo integral que envolve pesquisa e experimentos com produtividade, imagino que alguns deles esperam que eu tenha um nível sobre-humano de autocontrole. Mas da mesma forma que resisto às distrações digitais ao escrever, tento lidar com outras tentações em minha vida *a priori*. Como a comida é minha maior fraqueza, modifico meu ambiente externo para evitar manter qualquer petisco insalubre na casa, e, se eles estiverem por perto, peço para alguém escondê-los.

Seja com alimentos ou distrações, somos altamente influenciados pelo nosso ambiente externo. Cardápios de restaurantes *delivery* presos em ímãs de geladeira são um lembrete de que comida saborosa e nada saudável está apenas a uma ligação de distância – assim como legumes cortados e homus dentro da geladeira vai fazer você lembrar que é possível se alimentar de forma mais saudável. Deixar suas três intenções diárias em um lugar visível vai fazer você se lembrar de trabalhar no que de fato importa durante todo o dia. Manter uma televisão no quarto vai fazer você lembrar que um mundo de notícias e entretenimento pode ser acessado com apenas um clique – um objeto de atenção muito mais atraente do que o sono. Deixar sofás e poltronas de frente para a TV, e não de frente uns para os outros, terá um efeito igualmente tentador. Deixar o celular sobre a mesa ao almoçar introduzirá uma deixa ambiental que o lembrará de que um mundo de distração está esperando.[16]

Deixas ambientais externas podem nos afetar de forma considerável. Um estudo observou clientes de um café conversando uns com os outros e revelou que aqueles que deixaram o celular à vista checaram o aparelho a cada três ou cinco minutos, "independentemente se o aparelho tocou ou vibrou". Como o estudo concluiu: "Mesmo quando não estão em uso ativo ou vibrando, bipando, tocando ou piscando, [os celulares] são a representação de [nossa] rede social mais ampla e um portal para um imenso compêndio de informações". Outro estudo chegou a uma conclusão um pouco triste: "descobriu-se que a simples presença de um celular deixado de forma inocente no campo de visão dos participantes interfere na qualidade da aproximação, da conexão e do relacionamento".

---

16. Essa é a ironia de usar nosso celular quando estamos socializando com outra pessoa. Nós, em grande parte, usamos o dispositivo para cultivar relacionamentos com outras pessoas, mas nenhuma experiência via celular vai ser tão significativa quanto um encontro cara a cara.

Muitas vezes, essas deixas em nosso ambiente nos desviam daquilo que pretendemos realizar – e, em um nível pessoal, tornam nossas experiências menos significativas. Deixas ambientais não nos interrompem ativamente, como as notificações, mas podem fazer igualmente mal à nossa produtividade e à nossa vida pessoal. Isso acontece sobretudo quando buscamos ao redor uma nova distração para fugir de uma tarefa complexa. Nosso ambiente de trabalho deve manter o mínimo possível dessas deixas distrativas. Quando mantemos o celular, o tablet e a TV em outro cômodo, saímos dos trilhos com menos frequência, nos habituamos a trabalhar em um ambiente menos estimulante e garantimos que o ambiente ao redor não seja mais atraente do que aquilo em que pretendemos focar.

Ao eliminarmos as deixas novas em nosso ambiente de trabalho, damos a nós mesmos a capacidade de nos concentrar por muito mais tempo. Vale a pena pensar melhor sobre as deixas que você permite entrar em seu ambiente e questionar a forma como elas podem afetar sua produtividade.[17]

Desde que comecei a observar quanto tempo e quanta atenção eu desperdiço em dispositivos como o tablet e o celular, eu raramente os deixo no meu ambiente externo, a menos que sirvam a um propósito. Neste momento, meu tablet está em outra sala, e meu celular está sobre

---

17. Deixas ambientais são poderosas – até mesmo a limpeza de seu escritório tem um impacto sobre a sua produtividade. Pesquisas mostram que ambientes organizados são mais propícios para o foco, e ambientes bagunçados são mais propícios à criatividade. Por esse motivo, se você deseja que todos os participantes de uma reunião se concentrem em um projeto, convide-os para uma sala de conferências com poucas distrações. Se deseja romper com os padrões, fazer mudanças ou ter uma sessão de brainstorming mais criativa, conduza a reunião em um ambiente mais bagunçado. Se não houver uma sala de reuniões atulhada no escritório, tire as coisas da ordem e faça uma reunião fora do ambiente de trabalho, como ao ar livre, onde todo mundo estará exposto a novas ideias. (Mas é preciso desconfiar de reuniões durante caminhadas. Já está provado que caminhar – inclusive enquanto você trabalha, como em uma mesa de trabalho com esteira – diminui o desempenho cognitivo. No entanto, o desempenho aumenta *depois* de uma caminhada.)

uma mesa no meu escritório, bem longe do alcance.[18] Há uma porção de coisas diante de mim: uma almofada de meditação, um par de halteres ajustáveis, várias plantas, uma xícara de chá, fotos de família, um cubo antiestresse, um quadro branco e minha tartaruga, Edward, aquecendo-se em sua pedra.[19] Essas coisas não vão atrapalhar minha atenção por muito tempo – elas simplesmente não são tão complexas; então, ao contrário de um smartphone, elas não são capazes de se apoderar por completo da minha atenção. Se eu me distrair com elas, é muito mais fácil observar que minha mente está vagando, e é mais fácil voltar ao eixo.

Objetos de atenção novos ameaçam invadir seu espaço atencional e impedir você de se concentrar completamente em qualquer coisa.

DISTRAÇÕES INDOMADAS

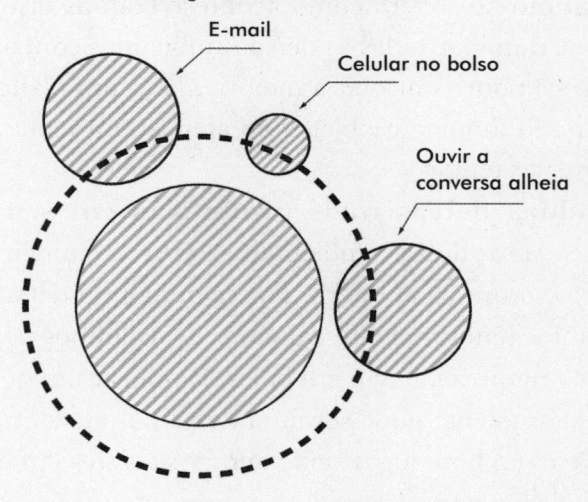

18. Um estudo descobriu que, quando uma distração está a cerca de 20 segundos de distância de nós – ou seja, quando são necessários 20 segundos para pegar um saco de batatinhas fritas na despensa, destrancar uma gaveta para pegar o celular ou reiniciar o computador para acessar sites distrativos –, ela oferece uma distância temporal suficiente para não sermos vítimas dessas distrações; assim, somos mais capazes de controlar nossos impulsos. É nesse espaço entre o impulso e a ação que recuperamos o controle de nossa atenção – e introduzir uma distância de 20 segundos nos traz a consciência para resistirmos aos impulsos que naturalmente temos.

19. Essa é uma longa história...

Para modificar seu ambiente a fim de torná-lo mais propício para trabalhar ou viver, você deve eliminar objetos de atenção que tenham o potencial de prejudicar seu foco.

Na verdade, fazer isso é muito simples:

- **Faça um balanço das distrações ao seu redor.** Isso é especialmente importante no lugar onde você foca em seu trabalho mais complexo. Faça uma lista de todas as possíveis distrações – tudo, desde o tablet que você deixa ao lado da mesa até um colega de trabalho que compartilha a baia com você. Em seguida, considere o seguinte: qual desses itens você considera mais atrativo que seu trabalho?
- **Distancie-se.** Assim como acontece com as distrações, é impossível dominar todas as deixas ambientais com antecedência, mas você pode controlar a maioria. Faça um plano para remover de seu ambiente objetos de atenção atraentes, de modo a evitar essas tentações.
- **Introduza deixas mais produtivas em seu ambiente.** Nem todas as deixas ambientais são ruins, e ninguém quer trabalhar em um local estéril. Por exemplo, foi demonstrado que as plantas têm um efeito calmante – evoluímos para nos sentir bem na natureza, e não em baias. Pendurar um quadro branco em seu ambiente pode ser uma deixa para fazer um brainstorming e é um bom lugar onde anotar suas três intenções diárias. Alinhar seus livros preferidos em uma estante do escritório pode trazer ideias enquanto você trabalha. Manter um cubo antiestresse, por sua vez, é uma deixa para uma pausa ocasional, viajar em pensamentos e considerar ideias novas. Ter um livro no criado-mudo em vez do celular vai incentivar você a ler mais. Deixar frutas em uma tigela sobre a mesa, e não dentro da geladeira, vai fazer você lembrar que precisa se alimentar de forma mais saudável.

A limpeza do ambiente também é importante. Não deixe de arrumar seu espaço quando terminar de usá-lo – voltar para casa e encontrar uma confusão de pratos na pia e objetos aleatórios espalhados pelo chão provoca um estresse instantâneo, pois lembra todas as coisas que você ainda precisa fazer. O mesmo se aplica quando encerrar o expediente: arrume os papéis sobre a mesa, feche as janelas do computador, organize os arquivos na área de trabalho, resolva e arquive cada e-mail que recebeu naquele dia. Quando se sentar à sua mesa na manhã seguinte, você será capaz de se concentrar imediatamente em suas intenções, em vez de se estressar com o progresso do dia anterior. Desentulhar seu ambiente digital é tão importante quanto desentulhar o ambiente físico.

Como provavelmente você já descobriu, as deixas ambientais também podem ajudar nosso "eu" futuro. No fim de um dia de trabalho, depois que defino minhas três grandes intenções para o dia seguinte, escrevo-as em meu quadro branco para que sejam a primeira coisa que eu veja na manhã seguinte. Se eu precisar me lembrar de levar alguns documentos para uma reunião, deixo-os ao lado da porta, assim, vou vê-los quando sair.

> Se você perguntar às pessoas em que local elas são mais produtivas, poucas responderão "no escritório". Na verdade, a maioria das pessoas vai dizer que é em qualquer lugar, *menos* no escritório – inclusive no seu café preferido, no aeroporto, no trem ou em sua casa. A razão para isso é que esses ambientes contêm menos deixas para tudo o que precisamos fazer: não vamos ouvir colegas conversando sobre os projetos em que estamos trabalhando; não vamos passar por salas de reunião onde regularmente compartilhamos relatórios de progresso. Variar nosso local de trabalho com frequência permite que nos concentremos naquilo que temos a intenção de realizar, sem deixas distrativas.

Música

Há uma enorme quantidade de fatores no ambiente que afetam o foco – até mesmo a temperatura no escritório influencia a produtividade em algum grau.[20] Antes de compreender como seu ambiente interno e mental influencia sua produtividade, quero apontar mais um fator externo. Pode ser algo com que você já trabalha: música.

Enquanto eu fazia pesquisas para este livro, entrevistei um dos mais renomados músicos do nosso tempo, que vendeu mais músicas que Prince, Britney Spears, Justin Bieber ou Bob Dylan. O homem criou quase sozinho a trilha sonora de incontáveis infâncias, e seus vídeos atraem facilmente milhões de visualizações no YouTube.

No entanto, embora talvez você reconheça sua música, é provável que nunca tenha ouvido falar de Jerry Martin. Jerry compôs músicas para jogos de videogame, como *The Sims* e *SimCity* – que, juntos, venderam bem mais de 100 milhões de cópias no mundo todo. Também criou trilhas sonoras para comerciais da Apple, da General Motors e da NBA. A música de Jerry é o ponto de partida perfeito para entender como a música influencia a produtividade, pois ele criou algumas das trilhas sonoras mais produtivas já existentes.

Pesquisas sugerem que a música mais produtiva tem dois atributos principais: soa familiar (por isso uma música produtiva para você pode ser diferente da de seus colegas de trabalho) e é relativamente simples. A música de Jerry toca nesses dois tons. Parece confortavelmente familiar, uma vez que é bastante influenciada por compositores famosos, como George Gershwin. Não tem letra para distrair e é simples.

---

20. Um estudo revelou que 22 °C é a temperatura ideal para a produtividade. Baixas temperaturas aumentam o número de erros que cometemos e a frequência com que faltamos por doença, e temperaturas mais elevadas, acima de 30 °C, diminuem a nossa produtividade em cerca de 10%. Somos todos diferentes, claro, então sua resistência pode variar.

Como Martin me disse: "Quando você coloca muita estrutura na música, tende a se concentrar nela. O melhor tipo de música existe ao fundo – não há muita coisa acontecendo quando se ouve atentamente. A música é linear, muda sem que você perceba e ajuda sua atividade no jogo". Eu, por exemplo, amo escrever ouvindo a mesma música repetidas vezes; durante a última hora, estive ouvindo a mesma canção deprimente de Ed Sheeran.

No entanto, as pesquisas também sugerem que a música mais produtiva é *relativa*. A música ocupa pelo menos alguma parcela de espaço atencional, mas menos quando é familiar, simples e também relativamente calma. Como resultado, a música não compete com um ambiente tranquilo quando se trata de foco, mas, é claro, ela nunca existe de forma isolada.

Se você estiver trabalhando em um café movimentado, a música pode ajudar a "ocultar" as conversas ao redor, que são muito mais complexas e distrativas do que uma melodia simples e familiar. Se um colega de trabalho barulhento na baia ao lado está numa ligação, é muito mais produtivo botar fones de ouvido com cancelamento de ruído e ouvir música. (Um estudo concluiu que ouvir uma conversa telefônica sem querer é significativamente mais distrativo do que ouvir uma conversa regular – seu cérebro trabalha mais para preencher a parte que falta do diálogo, então a conversa ocupa mais de seu espaço atencional.)[21] Para mim, a tranquila serenidade oferecida pela

---

21. A distração indireta é um verdadeiro fenômeno: outro experimento verificou que os estudantes que se concentravam em uma palestra eram susceptíveis a ter uma nota significativamente pior se conseguissem ver um colega multitarefa com um notebook na frente deles – esses alunos distraídos obtiveram uma média de 56% em um teste de acompanhamento, enquanto aqueles que não estavam distraídos chegaram a 73%. O equivalente de ir de uma nota D para uma nota B. Por esse motivo, alguns pesquisadores defendem o desenvolvimento de uma "atenção consciente" em sala de aula, em que os alunos consigam ter consciência do custo das distrações. Por outro lado, o uso excessivo do computador em sala de aula também pode ser sintoma de um problema maior, ou seja, a aula ser chata e os estudantes não estarem envolvidos.

música em fones de ouvido com cancelamento de ruído em um voo barulhento é muito menos perturbadora que o rugido do motor do avião. Quando estou em um café e inexplicavelmente trocam a trilha sonora por uma conversa de rádio, pego meu fone para continuar ouvindo música.

Sua experiência em relação à maneira como a música afeta sua produtividade vai variar dependendo da natureza de seu trabalho, de seu ambiente de trabalho e até mesmo de sua personalidade – música prejudica o desempenho dos introvertidos mais do que a dos extrovertidos, por exemplo. No entanto, de modo geral, se você estiver tentando se concentrar, continue ouvindo músicas simples e familiares.

Limpe sua mente

É óbvio que nem todas as distrações são externas, pois também temos uma grande quantidade de material distrativo na cabeça. Ao escrever um relatório, lembramos de uma reunião que começou dez minutos antes; quando chegamos em casa do trabalho, percebemos que nos esquecemos de comprar pão. Limpar nossa cabeça desses "circuitos abertos" é fundamental para não nos distrairmos no momento em que estamos tentando focar em algo.

É impossível escrever sobre foco e produtividade sem mencionar o trabalho de David Allen. Allen é o autor de *A arte de fazer acontecer*, um livro com uma premissa simples: o nosso cérebro é feito para *ter* ideias, não para armazená-las. Um cérebro vazio é um cérebro produtivo, e quanto mais coisas tirarmos da cabeça mais claramente vamos pensar.

Se você usa uma agenda, já tem familiaridade com essa ideia. Você nunca conseguiria pensar de forma clara se tentasse controlar todos os seus compromissos e todas as suas reuniões mentalmente. Sempre haveria a necessidade de dedicar parte de seu espaço atencional para os próximos eventos, e isso seria muito estressante. Manter uma lista de tarefas tem um efeito semelhante: cada tarefa que sai de sua cabeça e vai para a lista é uma tarefa que não vai incomodar quando você estiver trabalhando em outra coisa. Você será capaz de pensar de forma mais clara – e, como resultado, sentirá menos culpa por aquilo que você estiver fazendo.

É notável o que acontece quando você externa tarefas e compromissos: você trabalha quase sem culpa, preocupação ou dúvida. Você vivencia a culpa quando sente uma tensão sobre o passado; se preocupa quando sente a tensão sobre o futuro, e dúvida e estresse quando sente a tensão sobre o momento presente. Esses sentimentos evaporam quando você define intenções e faz um esboço de como vai concluir suas tarefas importantes. Vai pensar de um jeito mais claro também – externar o que está na mente significa que tarefas e compromissos não surgirão de repente em seu espaço atencional enquanto você estiver trabalhando.

Usar uma agenda ou uma lista de tarefas transforma as distrações externas em deixas externas. Você não precisa mais guardar na mente que tem uma reunião – o aplicativo de agenda faz isso por você. Não precisa se lembrar de trabalhar no que é importante – a lista de tarefas sobre a mesa funciona como uma deixa para lembrar que você precisa terminá-la, sobretudo se deixar as intenções diárias mais importantes no início da lista.

Esse conceito vai muito além de suas tarefas e seus compromissos. Manter uma lista de distrações enquanto você se concentra retira as distrações da cabeça para que você possa se reorientar com mais rapidez e lidar com elas mais tarde (ver Capítulo 0,5). Se você é do tipo preocupado, faça uma lista de tudo o que pesa em sua mente (enquanto programa uma hora para avaliar a validade de cada um dos itens). Capturar ideias que surgem enquanto você deixa sua mente descansar e divagar significa que você pode usá-las mais tarde. Revisar regularmente uma lista de tudo o que você está esperando – uma que registre e-mails importantes, cartas, encomendas e telefonemas que estiver esperando – também vai tirar essas coisas de sua mente.

Algumas pessoas conseguem conviver com o mínimo – mantendo uma lista de tarefas e uma agenda – e acham que listas adicionais atrapalham. Outros acreditam pensar de forma mais clara quando capturam cada coisinha que pesa na mente. Pessoalmente, estou em uma posição intermediária. Sinta qual é seu limite: comece com algumas intenções a cada dia e mantenha uma lista de tarefas e uma agenda. Circuitos mentais não resolvidos podem atrair sua atenção durante todo o dia, sobretudo quando você mergulha no trabalho mais importante. Comece a fechar esses circuitos abertos para poder se concentrar e hiperfocar no trabalho com mais facilidade.

Registre continuamente os compromissos pendentes e as ideias do jeito que eles chegarem e crie o hábito de revisitá-los mais tarde, em um período determinado. Isso vai liberar um monte de espaço atencional para ser usado em coisas melhores.

Trabalhe com intenção

Aqui está uma verdade fundamental sobre foco: seu cérebro invariavelmente resistirá a tarefas mais complexas, em especial quando elas estão no começo – e, quando isso acontecer, você vai procurar coisas mais novas e estimulantes para fazer ao seu redor. Quando você retirar as interrupções, as distrações e as deixas do ambiente de trabalho que gerem uma tentação para afastar você daquilo que pretende realizar no momento, vai permanecer no eixo. Este capítulo foi longo por um simples motivo: há muito espaço a ser liberado antes de você poder hiperfocar.

Relembre os três parâmetros que podemos usar para medir a qualidade de nossa atenção: a quantidade de tempo que passamos trabalhando com intenção, por quanto tempo somos capazes de nos concentrar em uma tarefa e por quanto tempo nossa mente divaga até percebermos essa situação.

Todos esses três parâmetros são corroborados pelas táticas deste capítulo:

- Criar um modo livre de distrações permite que você dedique um tempo para gastar intencionalmente enquanto elimina objetos de atenção mais atrativos que em geral atrapalham seu foco.
- Trabalhar com menos distrações em geral permite a eliminação de novos objetos de atenção durante o dia e traz mais de sua atenção para o que é importante.
- Utilizar esses dois modos de trabalho ajuda você a treinar seu cérebro para divagar menos e se concentrar por mais tempo.
- A simplificação de seu ambiente profissional e pessoal elimina uma enorme quantidade de distrações tentadoras.
- Limpar a cabeça de circuitos abertos distrativos permite que você trabalhe de forma mais clara e libera ainda mais espaço atencional para suas tarefas mais produtivas.

Um último benefício de eliminar distrações com antecedência é adquirir a liberdade de trabalhar em um ritmo mais lento, mais intencional. Por exemplo, um estudo demonstrou que, quando mandamos mensagens de texto enquanto lemos alguma coisa, é possível demorar entre 22% e 59% mais tempo para ler a mesma passagem. Se você estiver trabalhando continuamente na direção certa, não importa se você trabalha em um ritmo mais lento, mais intencional. O que você perde em velocidade, compensa na intencionalidade.

Ganhar mais espaço atencional para o que está fazendo também permite que você trabalhe com maior consciência – em relação às distrações às quais você está resistindo, a como se sente quanto ao trabalho, à quantidade de energia que tem e a uma eventual necessidade de recarga. Além disso, você de fato vai notar as tentações e os impulsos que surgem, e assim será vítima deles com menos frequência no futuro.

Até agora vimos as quatro fases do hiperfoco: escolher um objeto de atenção, eliminar distrações, concentrar-se em uma tarefa e voltar para os trilhos.

Agora, vamos falar sobre como você pode adquirir o hábito de montar o palco para esse estado mental superprodutivo, aumentando o tamanho de seu espaço atencional e superando sua resistência ao hiperfoco.

Capítulo 5

TRANSFORME O HIPERFOCO EM HÁBITO

O que faz nossa mente divagar

Existem muitas pesquisas que analisam por que nossa mente divaga no exato momento em que estamos tentando nos concentrar. Ela divaga muito mais quando:

- estamos estressados ou entediados;
- estamos trabalhando em um ambiente caótico;
- estamos lidando com certo número de preocupações pessoais e pensando nelas;
- estamos questionando se estamos trabalhando na tarefa mais produtiva ou significativa;
- temos espaço atencional não utilizado – quanto mais temos, mais propensos estamos a episódios de divagação.

Por sorte, já discutimos esses fatores:

- **Estresse ou tédio**: sentimos estresse quando as exigências de uma situação excedem nossa capacidade de lidar com elas.

Ao evitar a sobrecarga do espaço atencional, podemos garantir que teremos os recursos necessários para lidar com essas condições.

- **Trabalho em ambiente caótico:** defino tédio como a inquietação que sentimos quando transitamos de um estado de grande estímulo para um de menor estímulo. Quando nos acostumamos a lidar com menos estímulos ao longo do tempo – ao acionarmos nosso modo livre de distrações sempre que hiperfocamos e ao trabalharmos com menos distrações em geral –, enfrentamos essa falta de estímulo com menos frequência, vivenciamos o tédio mais raramente e tornamos nosso ambiente menos caótico de forma natural.

- **Pensamento em preocupações pessoais:** registrar os "circuitos abertos" da mente – por meio de uma lista de tarefas, uma lista de espera ou mesmo uma lista de preocupações – impede que itens não resolvidos pesem em nossa mente enquanto tentamos nos concentrar. Isso nos ajuda a lidar melhor com ambientes caóticos e deixar de lado as preocupações pessoais. Mudar de tarefa com menos frequência também nos ajuda a pensar com mais clareza – carregamos assim menos resíduos atencionais, que podem pesar em nosso espaço atencional limitado.

- **Questionamento sobre estarmos trabalhando na melhor coisa:** trabalhar com intenção é a melhor maneira de termos menos dúvidas sobre o que deveríamos ou poderíamos estar fazendo em determinado momento. Esses sentimentos levam nossa mente a divagar e se afastar daquilo em que estamos tentando focar.

- **Quantidade de espaço atencional não utilizado:** por padrão, empregar o hiperfoco para trabalhar em nossas tarefas mais complexas consome mais espaço atencional, o que, por sua vez, impede a nossa mente de divagar. Quanto menor for o objeto de atenção, mais provável será que a mente divague.

As táticas neste livro funcionam por alguns motivos específicos: enquanto todos eles permitem que você se concentre mais profundamente, também impedem que sua mente divague. Mais adiante vamos examinar alguns outros fatores que levam sua mente a divagar, inclusive a quantidade de cansaço e de felicidade que você sente. (Seu nível de felicidade pode impactar sua atenção de maneiras muito curiosas.)

Por ora, vamos mergulhar mais fundo no fator da mente divagadora que eu pessoalmente acho mais interessante: o espaço atencional que temos sobrando.

O poder de fazer você trabalhar com mais empenho

Dependendo da complexidade, as tarefas vão exigir diferentes quantidades de seu espaço atencional. Se você já tentou meditar e se concentrar apenas em sua respiração por alguns minutos, talvez tenha notado que sua mente divaga mais do que o normal – muito mais do que quando você está indo para uma corrida, tendo uma conversa profunda ou assistindo a um filme. Essas tarefas são mais complexas e, via de regra, preenchem o espaço atencional.[22]

Conscientemente tornar as tarefas mais complexas e assumir tarefas mais complexas é outra maneira poderosa de entrar em estado de hiperfoco, uma vez que elas consomem mais sua atenção. Isso vai fazer você se envolver mais no que está fazendo e levará sua mente a divagar com menos frequência.

Em seu livro inovador, *Flow*, Mihaly Csikszentmihalyi oferece insights intrigantes sobre quando estamos mais susceptíveis a entrar em

---

22. O poder da meditação vem do fato de que controlar sua mente para focar em um objeto de atenção pequeno e simples faz você se concentrar em coisas mais complexas com mais facilidade. Como resultado, sua mente divaga com menos frequência, você é capaz de focar de modo mais profundo e por períodos mais longos, e a qualidade de sua atenção aumenta drasticamente. Práticas de meditação são menos intimidantes do que você imagina e vale a pena experimentá-las.

um estado de fluxo: quando o desafio de terminar uma tarefa é quase igual à nossa capacidade de fazê-lo e ficamos totalmente imersos na tarefa. Quando nossas habilidades excedem muito as demandas de uma tarefa – como quando inserimos dados em uma tabela por várias horas automaticamente –, ficamos entediados. Quando as demandas de uma tarefa excedem nossas competências – como quando estamos despreparados para fazer uma apresentação –, ficamos ansiosos. Quando as demandas de uma tarefa são mais ou menos iguais à nossa capacidade de cumprir essa tarefa – quando estamos tocando um instrumento, imersos em um livro ou esquiando por uma rampa com neve fresca – é muito mais provável ficarmos totalmente engajados no que estamos fazendo.

Se você acha difícil mergulhar no trabalho durante o dia, vale a pena questionar se as tarefas são difíceis e complexas o suficiente. Se sente tédio com frequência, considere se seu trabalho usa seu conjunto de habilidades únicas. Se sua mente ainda divaga com frequência, mesmo depois de ter colocado em prática as ideias dos capítulos anteriores, é um bom sinal de que suas tarefas não são complexas o bastante e não consomem o suficiente de seu espaço atencional.[23] Na outra ponta do espectro, se você descobre que sente ansiedade no trabalho mesmo *depois* de ter domado as distrações e trabalhado com mais intenção, considere se suas habilidades no momento estão à altura das tarefas disponíveis.

Além de questionar as tarefas individuais, vale a pena refletir se você considera desafiadora sua carga de trabalho *de forma geral*. As táticas em *Hiperfoco* vão permitir que você faça mais em menos tempo, mas talvez você descubra que não tem trabalho suficiente para preencher o restante do tempo. Isso pode se manifestar de maneiras peculiares. Nosso trabalho tende a se expandir para se encaixar no tempo de conclusão disponível – em círculos de produtividade, esse

---

23. Quanto maior for seu espaço atencional, mais sua mente divagará quando você trabalhar em algo simples. Essa é mais uma prova de que os membros mais inteligentes de sua equipe devem receber o trabalho mais desafiador.

fenômeno é conhecido como lei de Parkinson. Mas, ao desabilitar as distrações com antecedência, talvez você descubra o mesmo que eu: seu trabalho não mais se expande para se encaixar no tempo que você tem disponível para concluí-lo, e você descobre quanto trabalho de fato tem para fazer. Alguns executivos que oriento me contaram que são capazes de realizar um dia inteiro de trabalho em apenas algumas horas quando se concentram apenas nas tarefas mais significativas.

Descobri esse fenômeno por experiência própria com meu último livro. Após entregar o manuscrito de 80 mil palavras, que escrevi em uma quantidade de tempo relativamente curta, continuei bem ocupado mesmo tendo muito menos trabalho. Meus outros projetos se expandiram para se encaixar no tempo que eu tinha disponível. Em vez de planejar palestras algumas semanas antes de quando estavam programadas para acontecer, comecei a pensar sobre elas bem antes, muito mais cedo do que eu precisava. Eu entrava em minhas contas de rede social com mais frequência quando na verdade deveria estar trabalhando. Parei de seguir meus próprios conselhos e passei a verificar novos e-mails constantemente, e não uma vez por dia. Ativei mais notificações e alertas, assim eu teria mais tarefas para cumprir. E concordei em participar de mais reuniões, muitas das quais não precisavam da minha presença. Eu sentia uma sensação terrível de culpa quando não estava ocupado, a qual, claro, desaparecia assim que eu me ocupava mais com coisas inúteis.

Mal sabia eu que essa culpa tinha duas fontes: a falta de trabalho com intenção e a expansão de meu trabalho para preencher o tempo que eu tinha para ele. Foram vários meses assim até que finalmente tomei uma certa distância e domei as novas distrações que estavam inundando meu tempo disponível. Ao fazê-lo, descobri que na verdade eu tinha pouco trabalho a realizar. Como reação, intencionalmente assumi tarefas mais significativas – escrever mais para o meu site, pensar neste livro e aumentar minhas sessões de palestra e coaching. Como me considero um sujeito bastante produtivo, foi difícil admitir minha falha para mim mesmo, mas ela me ensinou uma lição essencial: fazer as coisas sem pensar, seja em casa ou no trabalho, não é apenas improdutivo, mas também sinal de que você não tem trabalhos suficientemente importantes, o que também explica por que trabalhos inúteis são deixados de lado quando você está com prazo apertado: não há tempo disponível para que ele se expanda.

Para medir se você tem bastante trabalho de modo geral, avalie quanto do seu dia você gasta fazendo trabalho inútil e improdutivo. Se a escala de trabalho inútil estiver alta, talvez você tenha espaço para assumir tarefas mais significativas – se engajando mais e obtendo mais produtividade nesse processo.

Esse conselho é contraintuitivo, e a própria ideia pode ser desanimadora se você já sente que está trabalhando à plena capacidade. Mas vale a pena sopesar a situação. Quando fazemos um trabalho intelectual, procrastinamos, gastando tempo e atenção nos e-mails e nas redes sociais, tarefas que nos fazem *sentir* produtivos em nosso trabalho, mas que nos leva a realizar pouco.

Uma observação sobre tarefas rotineiras. Embora o trabalho de rotina muitas vezes seja menos produtivo do que as tarefas complexas, ele é recompensador justamente porque é mais divertido. Estudos mostram que preferimos tarefas comuns, como a digitação de dados, a tarefas mais complexas, como a composição de relatórios. Ao escrever este livro, visitei o departamento de pesquisa da Microsoft, que faz muitos estudos sobre a forma como administramos nossa atenção. Em cada uma das minhas três visitas, a equipe foi categórica ao confirmar que ficamos mais felizes fazendo tarefas que não consomem nossa atenção toda. Faz sentido: embora nossas tarefas produtivas sejam importantes, em geral também são mais desagradáveis, e é por isso que normalmente somos bem recompensados para realizá-las – elas se beneficiam de nossos recursos mentais únicos. Ao mesmo tempo, o trabalho automático pode nos dar um retorno imediato e a sensação de ter concluído alguma coisa. Se determinadas tarefas rotineiras lhe dão prazer genuíno, não deixe que um livro de produtividade impeça você de fazê--las. Mas elimine algumas para ter mais tempo e atenção para as tarefas significativas.

Aumente o tamanho de seu espaço atencional

A maioria das estratégias de foco que apresentei até agora envolvem torná--lo um guardião melhor de seu espaço atencional. Além de gerenciá-lo de forma mais deliberada, você também pode aumentar seu tamanho.

Para recapitular, o tamanho do espaço atencional é determinado por uma medida que a psicologia cognitiva chama de "capacidade de memória de trabalho" – quantos blocos de informações você consegue manter em sua mente simultaneamente (em geral cerca de quatro blocos). Quanto maior for a capacidade da sua memória de trabalho, mais informações você conseguirá reter ao mesmo tempo e maior será sua capacidade de processar tarefas complexas.

Além de permitir que você assuma tarefas mais complexas, ampliar seu espaço atencional oferece outros benefícios. Já se demonstrou que uma capacidade maior de memória reduz a divagação da mente quando você foca em tarefas complexas. E quando sua mente divaga, na verdade ela o faz de maneira mais produtiva – quanto maior for seu espaço atencional, maiores as chances de você pensar no futuro (e se planejar para ele). Melhor ainda, um espaço atencional maior significa que você terá atenção extra para pensar naquilo em que vai trabalhar em seguida, mantendo na mente sua intenção original. Um maior espaço atencional também ajuda você a voltar aos trilhos mais rápido depois que sua mente divagar ou você se distrair. Um estudo registrou isso de forma memorável quando declarou que uma capacidade de memória de trabalho maior "permite que [você] tire o máximo de proveito desses recursos subutilizados e volte ao [seu] destino mental preferido".[24]

Então, como exatamente *se expande* o tamanho do espaço atencional?

Existem muitos aplicativos e sites de "treinamento cerebral" que prometem aumentar a memória e a atenção. Simplificando, a maioria de suas afirmações é duvidosa – quando estudadas em laboratório, elas simplesmente não emplacam. Embora alguns programas de treinamento cerebral funcionem no curto prazo e ajudem a lembrar um pouco mais e a solucionar problemas um pouco melhor, seu impacto termina aí. É preciso se fixar neles durante várias horas por semana para continuarem a funcionar e, assim que você para, perde os avanços que fez. Um estudo mediu a eficácia desses programas em uma amostra de 11.430 participantes. Não encontrou "nenhuma prova" de que os aplicativos funcionavam, mesmo quando as tarefas mensuradas eram aquelas nas quais eles iriam trabalhar para melhorá-las!

No entanto, há uma prática, comprovada por diversos estudos, que aumenta a capacidade da memória de trabalho: a *meditação*.

A meditação tem uma reputação má e injusta e, muitas vezes, evoca imagens de um monge meditando em uma caverna. Na prática, ela é bem simples. Como o hiperfoco, a meditação envolve voltar continuamente seu foco a um único objeto de atenção – em geral sua respiração – sempre que você percebe que sua mente divagou e se afastou dele.

Na meditação respiratória (a forma mais comum, e a que eu, pessoalmente, venho praticando há cerca de uma década), você percebe as características de sua respiração: a profundidade com que ela flui e reflui, a temperatura dela, onde ela fica mais evidente no corpo, como

---

24. Existe uma forte relação entre a capacidade de memória de trabalho e a inteligência – uma correlação de 85%. A inteligência é o melhor indicador único de desempenho profissional.

sua inspiração transita para a expiração, e assim por diante. Como a observação de sua respiração não vai consumir toda a sua atenção, sua mente vai divagar *constantemente* – o que é meio que o objetivo. Cada vez que você volta sua mente divagante aos detalhes de sua respiração, você aumenta seu funcionamento executivo: a quantidade de controle que tem sobre sua atenção, o que acaba permitindo que você melhore cada medida de qualidade de sua atenção. Você será capaz de se concentrar por mais tempo, sua mente vai divagar menos, e você será capaz de trabalhar com mais intenção.

Esse mesmo benefício pode ser obtido com o hiperfoco. Como a meditação, o hiperfoco é uma prática que cresce com o uso – quanto mais você pratica, mais aprende a administrar sua atenção e mais capaz se torna de focar em seguida.

Meditar é simples – sente-se em algum lugar com os olhos fechados e preste atenção à sua respiração. É natural sentir que está fazendo errado, principalmente no início, mas não pense demais nisso. Os efeitos dessa prática simples são profundos. Um estudo descobriu que, quando os participantes desenvolviam uma prática de meditação, não só a mente deles divagava menos, mas também conseguiam se concentrar por muito mais tempo que antes – dois parâmetros da qualidade da atenção. Esse estudo apresentou a meditação para alunos que estudavam para o GRE – um teste padronizado de admissão em pós-graduações nos Estados Unidos. Quando chegou a hora de fazer o teste, a pontuação dos candidatos aumentou uma média de *16%*. Já se demonstrou também que a meditação impede "a deterioração [da capacidade de memória de trabalho] durante períodos de alto estresse" – como quando você trabalha em um ambiente caótico ou tem que lidar com preocupações pessoais. Uma análise da literatura sobre o assunto descreveu os benefícios da meditação de modo mais sucinto, chamando-a de "a técnica mais validada para minimizar os efeitos perturbadores da divagação mental".

Meu estudo favorito sobre a meditação mensurou quanto a capacidade de memória de trabalho dos participantes aumentou quando tinham uma prática de meditação ativa. Os pesquisadores guiaram os participantes por 45 minutos de um exercício de meditação duas vezes por semana e os incentivou a meditar em casa. Algumas semanas mais tarde, descobriram algo incrível na capacidade de memória de trabalho de todos os que meditaram: houve um aumento em média de *mais de 30%* – consideravelmente mais do que a de outros dois grupos participantes do estudo, um dos quais praticou ioga por várias semanas. Esse efeito também foi observado após um período de poucas semanas.

Para começar a meditação, são necessários apenas alguns minutos por dia. Comece determinando seu nível de resistência, como faz antes de hiperfocar em uma tarefa. Em seguida, sente-se em uma cadeira confortável, com a postura ereta de forma que os discos da coluna dorsal fiquem bem encaixados um sobre o outro. Observe as características de sua respiração e volte a focar nelas sempre que a mente divagar. Recomendo muito usar um aplicativo para começar – gosto do Headspace e do Insight Timer, que têm meditações guiadas para ajudar a começar. Inicie cada sessão de meditação com uma curiosidade genuína sobre para onde sua mente vai divagar. Minha regra de meditação é simples, e eu a sigo há anos: não importa quanto tempo eu medite, contanto que eu medite todo dia. Alguns dias consigo dedicar apenas um ou dois minutos, o que é suficiente, desde que eu me mantenha fiel a uma rotina. Quando comecei, há uma década, fazia apenas sessões de cinco minutos, e desde então tenho aumentado devagar e cheguei a 30 minutos. Não queria desistir daquilo por nada.

Quando você pratica estar com sua respiração, você pratica estar com sua vida. Mas a meditação não é a única ferramenta neste kit. Praticar a atenção plena (*mindfulness*) é outra forma comprovada de aumentar o tamanho de seu espaço atencional. É semelhante à meditação, mas um pouco menos intimidante.

Por atenção plena entende-se tornar consciente aquilo que preenche sua mente e perceber as circunstâncias do momento atual. Isso inclui observar tudo o que você perceber, sentir ou pensar. A atenção plena difere do hiperfoco em um aspecto principal: ela diz respeito a concentrar-se nas circunstâncias do presente, em vez de mergulhar nelas.

Aqui está uma frase que pode soar estranha: você nunca tomou um banho de verdade. Embora possa ficar lá enquanto a água escorre sobre você, em geral sua mente está em outro lugar – no escritório, percorrendo sua lista diária, pensando no que precisa comprar para o jantar ou fazendo um brainstorming sobre um problema que está enfrentando no trabalho. Enquanto uma pequena parte dela executa a sequência do hábito de tomar banho, sua mente não está com você, presente naquilo que está vivenciando. Uma ducha com atenção plena é aquela em que você se concentra nas visões, nos sons e nas sensações do presente, que lhe permitem treinar o cérebro para melhor focar naquilo que está diante de você.

Comece a praticar a atenção plena escolhendo uma tarefa diária que não consuma sua atenção total – tomar café da manhã, caminhar pelo escritório ou tomar banho – e esteja intencionalmente com aquela experiência por um ou dois minutos. Ancore sua atenção às circunstâncias do momento presente – perceba o cheiro, o gosto e a sensação de uma xícara de café, as trocas de impulso do corpo enquanto caminha de uma sala para outra no escritório ou a temperatura e a sensação de tomar um banho. Você pode ajustar um cronômetro ou não – simplesmente esteja com as circunstâncias do momento presente e observe tanto quanto puder o que está vendo, ouvindo e sentindo. Quando perceber que se perdeu em seus pensamentos, traga a mente de volta àquilo em que originalmente pretendia se concentrar – e dê risada de como pode ser difícil domá-la. Não exija demais de si quando a mente divagar: lembre-se, seu cérebro foi feito para isso.

Aqui está a chave: quanto menor o objeto de atenção, mais sua mente vai divagar, mas mais você vai expandir o tamanho de seu espaço atencional enquanto focar nele. Quanto mais rapidamente você conseguir voltar aos trilhos depois de sua mente passear durante uma sessão de atenção plena ou meditação, melhor você vai focar no trabalho e em casa.

MEDITAÇÃO

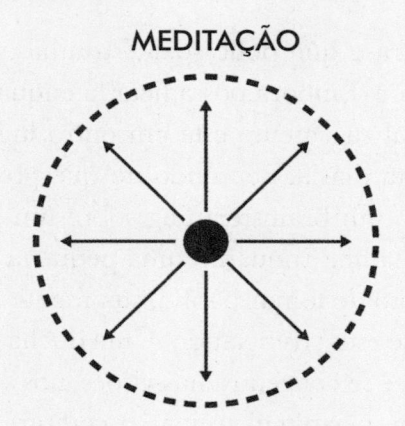

Práticas como a meditação e atenção plena também são poderosas porque treinam para a prática de manter uma única intenção na mente por determinado período. Durante sua meditação, você se senta com a intenção de estar com a sua respiração até que o alarme toque. O mesmo acontece quando você pratica a atenção plena: até a xícara de café estar vazia (ou meio cheia), até seu banho estar concluído ou até você ter feito a sua caminhada rumo a determinado ponto, você foca naquilo que está fazendo naquele momento. Se mantiver um único propósito em mente, será capaz de viver e trabalhar com mais intenção durante o dia todo também. E como tanto a meditação quanto a atenção plena aumentam o tamanho do seu espaço atencional, é provável que com as duas práticas você mantenha as intenções.

Além de proporcionarem esses benefícios, a meditação e a atenção plena ajudam você a dar um passo para trás em seus pensamentos, o que torna infinitamente mais fácil verificar o que está ocupando seu espaço atencional. Quanto mais você percebe o que prendeu sua atenção, mais rápido consegue redirecionar a sua intenção. Com consciência suficiente, você pode até mesmo notar que sua mente divagou para algum lugar produtivo e que quer continuar nessa linha de pensamento. Por exemplo, uma capacidade de memória de trabalho maior significa que é mais provável que sua mente faça planos e intenções para o futuro. Com essa consciência extra, você ganha o poder de perceber objetos de atenção difusos nas bordas de seu espaço atencional, como quando estiver procurando estímulo externo ou estiver prestes a ser vítima de uma distração sedutora.

As pesquisas são claras: a atenção plena e a meditação melhoram praticamente todos os aspectos da forma como você administra sua atenção.

De vez em quando, gosto de viajar para um mosteiro budista local a fim de participar da meditação pública que ocorre todo sábado à tarde. Em geral, ela consiste no seguinte: cada um leva um prato para compartilhar e fazemos uma sessão de meditação de uma hora, seguida de uma palestra dada por um dos monges. Durante uma de minhas visitas, um monge contou que, por várias semanas durante sua prática de meditação, ele se concentrou exclusivamente na sensação que sua respiração causava na ponta do nariz – um objeto de atenção incrivelmente pequeno. Tentei fazer o mesmo durante uma prática de meditação de duas horas no dia seguinte, e minha mente nunca divagou tanto. Não é de surpreender, considerando que eu estava focando em um objeto de atenção tão pequeno.

Mas, na manhã da segunda-feira seguinte, eu me concentrei com mais intensidade no trabalho do que em semanas. Escrevi milhares de palavras em apenas algumas horas, fiz brainstorming para três palestras e tive tempo de sobra para limpar minhas caixas de e-mail. Os efeitos positivos duraram mais que um dia, pois fui capaz de me concentrar melhor durante toda a semana. A qualidade da atenção é uma parte tão integrante da produtividade que até um leve aumento faz uma diferença notável em quanto conseguimos realizar.

Felizmente, você não precisa passar horas focando na ponta do nariz para vivenciar os benefícios notáveis da atenção plena e da meditação.

Mesmo alguns minutos por dia vão ajudar imensamente. A lição que você deveria tirar deste capítulo é que poucas práticas vão melhorar mais a qualidade de sua atenção – e o tamanho de seu espaço atencional – do que a meditação e a atenção plena. Embora as duas consumam um tanto do seu tempo, você vai recuperá-lo e, em seguida, ganhar mais pensando e se concentrando de forma mais clara, profunda e intencional.

Hiperfoco em casa

Quase todas as ideias deste livro vão ajudá-lo não apenas no trabalho, mas também em casa. Quando coloquei essas ideias em prática, percebi alguns benefícios notáveis em minha vida pessoal.

É possível que você estivesse no modo hiperfoco durante seu último período de trabalho altamente produtivo. É provável que estivesse em uma situação semelhante da última vez que se sentiu mais feliz e energizado em casa. Provavelmente seu foco estava em apenas uma coisa – fosse em uma conversa importante com um ente querido, mexendo no jardim, jogando cartas com um parente ou relaxando com um livro na praia. A única coisa que estava fazendo consumiu todo o seu espaço atencional. Por isso, provavelmente não teve muitas distrações ao seu redor – talvez seu telefone de trabalho estivesse em outro cômodo, e talvez você tenha assumido o compromisso de se desligar no fim de semana. Sua família pode ter chegado a um acordo para jantar sem celulares. É provável que você também estivesse mais descontraído e que, por isso, não estivesse buscando novos estímulos em seu ambiente. Pôde se concentrar com relativa facilidade naquilo que estava fazendo.

"Hiperfoco" foi o melhor termo que consegui encontrar para descrever esse estado de ficar totalmente focado em uma coisa, apesar de ter a desvantagem de parecer assustadoramente intenso. Na prática, hiperfoco é algo bastante tranquilo, a menos que você esteja com um prazo apertado ou então trabalhando em sua capacidade máxima ou acima dela, de forma que não possa se dar ao luxo de expandir seu trabalho para se encaixar em uma certa quantidade de tempo. Ao hiperfocar, você se cerca de poucos objetos de atenção novos, e aquilo que está fazendo preenche o espaço atencional naturalmente. Essa mesma ideia se mantém em casa, e nós podemos desfrutar dos mesmos benefícios do hiperfoco. Lembramos mais o que estamos fazendo, e, como resultado, nossas experiências se tornam mais significativas. Dedicamos mais tempo ao momento e fazemos as coisas com mais rapidez e com menos esforço. Gosto de fazer isso definindo três intenções pessoais diárias, além de meus três objetivos de trabalho, ainda que uma delas seja assistir a vários episódios de uma série na Netflix.

Já notei que uma atividade em especial se beneficia do hiperfoco: a conversa. O segredo de conversas profundas e significativas é simples: voltar completamente sua atenção para a pessoa com quem está falando. É possível fazer isso de várias maneiras – por exemplo, permitindo que alguém termine de falar antes de você começar (uma técnica simples, mas bastante subutilizada). Aguarde até ouvir o ponto final da frase do outro antes de pensar no que vai dizer na sequência. Estou convencido de que a maioria das pessoas tem um sexto sentido e consegue dizer quando você está de fato prestando atenção. É incrível quando você passa não apenas um tempo de qualidade com alguém, mas com atenção de qualidade também.

O hiperfoco permite que eu mergulhe mais profundamente em meus relacionamentos pessoais, em conversas e em outras atividades. Estou convencido de que o amor nada mais é do que compartilhar atenção de qualidade com alguém. Como comentou David Augsburger, um autor e ministro batista: "Ser ouvido é tão próximo de ser amado que para uma pessoa média são coisas quase indistinguíveis".

Quando hiperfocamos em uma atividade em casa – seja tocar um instrumento, passear com o cachorro ou preparar o jantar para a família –, ao desativarmos as distrações novas e inúteis e nos concentrarmos por inteiro no que estamos fazendo, estamos propositalmente nos desligando de nosso trabalho. Essa prática fica mais fácil com o tempo. Dediquei um capítulo inteiro deste livro (que você verá mais adiante) à recarga do hiperfoco – podemos fazer isso periodicamente, dando um passo para trás no trabalho a fim de deixar a mente descansar, divagar e assumir menos tarefas desafiadoras. Passar nosso tempo em casa com mais propósito também permite que nos sintamos recarregados.

Seja no trabalho ou em casa, a qualidade de sua atenção determina a qualidade de sua vida. No trabalho, quanto mais atenção der ao que está diante de você, mais sua produtividade aumentará. Em casa, quanto mais atenção você dedicar ao que está diante de você, mais significativa será sua vida.

(Mais) Quatro formas de combater sua resistência ao hiperfoco

Este capítulo abrange uma série de táticas que o ajudarão a desenvolver um hábito ainda mais forte de hiperfoco: como tornar seu trabalho mais desafiador, como assumir mais projetos no trabalho e em casa, como aumentar seu espaço atencional, como praticar o hiperfoco em todas as áreas da vida e como escolher exatamente quando hiperfocar. Vamos encerrar com um conceito final e importante que vai ajudar a solidificar um ritual de hiperfoco no trabalho e na vida: como combater sua inevitável resistência a esse modo.

Supondo que você já tenha tentado hiperfocar, mesmo que apenas por dez minutos, talvez tenha sentido o que eu senti no início: uma resistência mental para se concentrar em apenas uma coisa. Provavelmente foi uma mistura de inquietação, ansiedade e exposição a distrações novas. No estágio inicial de entrada no estado hiperfocado, provavelmente você se pegou ansiando por essas distrações mais do que o normal.

Essa resistência que sentimos diante de tarefas complexas e produtivas não é distribuída uniformemente pelo tempo de trabalho – em geral ela se concentra no começo, quando iniciamos essas tarefas:

Por exemplo, embora talvez levemos semanas para reunir a energia e o vigor necessários para limpar a garagem ou o armário do quarto, assim que o fazemos por apenas um minuto, poderíamos continuar por horas. O mesmo acontece quando nos exercitamos – depois de superar nossa resistência inicial, podemos continuar o restante dos exercícios. Começar fornece força suficiente para levarmos a cabo nossas intenções.

Isso acontece em nossas tarefas mais complexas também e é uma das muitas razões por que trabalhamos em uma tarefa por apenas 40 segundos até sermos vítimas de distrações. Sentimos a maior resistência bem no início e procuramos alternativas mais atraentes. Quando começamos uma tarefa nova, trabalhar nela por pelo menos um minuto com atenção propositada e distrações limitadas é fundamental. Aqui estão minhas quatro estratégias favoritas para combater essa resistência inicial:

1. **Reduza seu período desejado de hiperfoco até deixar de sentir resistência ao ritual.** Minimize a quantidade de tempo que você vai dedicar para se concentrar em uma tarefa até deixar de sentir resistência mental a ela. É provável que até mesmo definir um prazo mental de cinco minutos seja suficiente para você começar.

2. **Observe quando você "não tem tempo" para algo.** Você sempre tem tempo – só gasta esse tempo em outras coisas. Quando se flagrar fazendo essa declaração familiar, tente fazer uma troca de tarefa. Por exemplo: se você "não tem tempo" para conversar com um amigo tomando café, questione se tem uma quantidade igual de tempo para assistir a um jogo de futebol ou navegar no Facebook. Se sentir que "não tem tempo"

para assumir alguma coisa, questione se você poderia liberar sua programação por tempo suficiente para se reunir com seu chefe ou limpar a caixa de entrada do e-mail. Se a troca de tarefa mostrar que você *tem* esse tempo, é provável que seja apenas sua resistência em ação.

3. **Pratique continuamente o hiperfoco.** Incorpore pelo menos um período de hiperfoco por dia. Você terá menos resistência quando se acostumar a trabalhar com menos distrações e gostar do quanto sua produtividade aumentou.

4. **Recarregue!** O hiperfoco pode ser energizante de um jeito estranho: você gasta menos energia regulando seu comportamento quando não precisa resistir continuamente a distrações nem se obrigar a focar no que é importante. Dito isso, resistir ao ritual também pode ser um sinal de que você precisa recarregar.

O poder do hiperfoco

Cada ideia neste livro é projetada para ajudar você a administrar sua atenção de forma mais deliberada, uma ideia fundamental quando nossa atenção é tão limitada e requisitada.

Vamos relembrar algumas dessas ideias:

- Compreender os quatro tipos de tarefas produtivas e improdutivas nos permite recuar um passo e descobrir o que é de fato importante, para assim pararmos de trabalhar no modo negligente de piloto automático.
- Reconhecer os limites de nossa atenção possibilita nossa conscientização em como são poucas as coisas nas quais somos capazes de nos concentrar a cada momento.
- Hiperfocar em nossas tarefas mais produtivas e complexas nos permite ativar o modo mais produtivo de nosso cérebro e realizar muitas coisas em um curto espaço de tempo.

- Definir fortes intenções diárias permite que trabalhemos em nossas tarefas mais produtivas.
- Criar um modo livre de distrações personalizado nos permite trabalhar com mais foco e clareza enquanto deixa nosso tempo e nossa atenção distantes de distrações desnecessárias.
- Simplificar nosso ambiente de vida e de trabalho e perceber as distrações que nos rodeiam permite que pensemos mais claramente.
- Limpar nossa mente utilizando listas de atividades futuras, de tarefas ou de preocupações permite que trabalhemos com clareza e evita que circuitos mentais não resolvidos interrompam nosso foco durante todo o dia.
- Virar bons guardiães de nosso espaço atencional – ao tornar nosso trabalho mais complexo quando necessário e expandir os limites de nossa atenção – ajuda a administrar adequadamente nossa atenção limitada.

No início deste livro, talvez você lembre que fiz algumas afirmações grandiosas sobre como pode ser transformador administrar sua atenção de forma intencional. Se tiver seguido esses conselhos até agora, talvez tenha descoberto o que eu mesmo descobri: que seu trabalho e sua vida foram alterados positivamente como resultado dessa prática.

Se você seguiu os conselhos dos cinco primeiros capítulos, espero que sua produtividade e seu compromisso com o trabalho e a vida já tenham aumentado, e você já esteja pensando de forma mais clara e calma. É provável que você também se lembre de mais coisas e enxergue o trabalho e a vida de forma mais significativa. As três medidas da qualidade de sua atenção provavelmente também aumentaram – você dedica mais de seu tempo com propósito, é capaz de se concentrar mais cada vez que se senta para trabalhar e sua mente não se desvia tanto de suas intenções.

Há uma porção de pesquisas sobre como podemos focar melhor, e nos primeiros cinco capítulos fiz o meu melhor para resumi-las de forma prática e tática. Espero que você concorde: a atenção é o ingrediente mais importante que temos para uma vida boa e produtiva.

O poder da mente que divaga

Até aqui, discuti apenas os efeitos negativos das divagações da mente. Às vezes, quando temos de focar, esses passeios mentais podem minar nossa produtividade.

No entanto, esse modo de mente que divaga – quando dispersamos nossa atenção e nosso foco – também pode ser imensamente poderoso. Na verdade, é tão poderoso que dediquei a segunda parte de *Hiperfoco* a ele. Chamo-o de modo "foco disperso", porque nele nossa atenção se dispersa para não se concentrar em nada específico. Enquanto o hiperfoco envolve direcionar a atenção para fora, o foco disperso volta a atenção para dentro, para o interior da própria mente.

Assim como o hiperfoco é o modo mais *produtivo* do cérebro, o foco disperso é o mais *criativo*. O foco disperso pode atrapalhar nossa produtividade quando nossa intenção original é a concentração, mas, quando estamos buscando uma solução criativa para um problema, planejando nosso futuro ou tomando uma decisão difícil, é tão essencial quanto o hiperfoco. Podemos aproveitar os benefícios notáveis do foco disperso praticando a divagação intencional da mente.

Aprender a utilizar cada modo de forma inteligente vai aumentar sua produtividade, sua criatividade e sua felicidade.

Vamos mergulhar nesse segundo modo mental agora. Como você logo verá, o hiperfoco e o foco disperso podem trabalhar lado a lado de algumas formas verdadeiramente notáveis.

PARTE II
O FOCO DISPERSO

Capítulo 6

O MODO CRIATIVO ESCONDIDO EM SEU CÉREBRO

> "Nem todos os que vagueiam estão perdidos."
> – J. R. R. Tolkien

Introdução ao foco disperso

A segunda parte deste livro é dedicada ao poder que a mente tem de divagar e de direcionar a atenção para dentro.

Sim, você ouviu direito – depois de incentivar você, na primeira parte do livro, a se livrar desse modo de pensamento, estou prestes a explicar os pontos fortes de a mente divagar. Parte de sua má reputação é justificada: quando nossa intenção é nos concentrar, sonhar acordado pode destruir nossa produtividade. No entanto, sonhar acordado tem uma potência imensa quando nossa intenção é resolver problemas, pensar de forma mais criativa, fazer um brainstorming com ideias novas ou recarregar. No que diz respeito a estimular nossa criatividade, o ato de divagar da mente está à frente de qualquer coisa.

Pense em seu último insight criativo – é possível que você não estivesse hiperfocando em uma coisa. Na verdade, é provável que seu foco não estivesse em muita coisa. Talvez estivesse tomando uma ducha extralonga, fazendo uma caminhada durante uma pausa para o almoço, visitando um museu, lendo um livro ou relaxando na praia com uma bebida ou duas. Talvez estivesse tomando café da manhã. Então, como um relâmpago, uma ideia brilhante surgiu do nada. Seu cérebro escolheu misteriosamente esse momento, quando você estava descansando e recarregando, para ligar algumas das constelações de pontos – vamos considerar um "ponto" como qualquer ideia ou informação de que você se lembre – que rodavam em sua cabeça.

Assim como o hiperfoco é o modo mais produtivo de seu cérebro, o **foco disperso** é o mais criativo.

Entrar no modo foco disperso é fácil: basta deixar sua mente livre. Assim como você hiperfoca direcionando intencionalmente sua atenção a uma coisa, você terá o foco disperso quando deixar sua mente divagar de propósito. Você adentra esse modo quando deixa espaço atencional livre em torno do que está fazendo no momento – esteja você correndo, andando de bicicleta ou investindo tempo em qualquer coisa que não consuma todo esse espaço.

Quando se trata de produtividade e criatividade, o foco disperso permite que você faça três coisas poderosas de uma vez.

Primeiro, como vamos discutir neste capítulo, ele permite que você defina suas intenções e seus planos para o futuro. É impossível definir futuras intenções quando você mergulha no presente. Ao dar um passo para trás e direcionar sua atenção para dentro, você é capaz de desligar o piloto automático e considerar o que fazer em seguida. Seu cérebro automaticamente planeja o futuro quando você descansa – é só lhe dar o espaço e o tempo para fazê-lo.

Segundo, o foco disperso permite que você recarregue. Concentrar-se em tarefas o dia todo consome boa quantidade de energia mental, mesmo quando você está gerenciando e defendendo seu espaço atencional usando as táticas estabelecidas na Parte 1. O foco disperso repõe esse suprimento de modo que você possa se concentrar por mais tempo.

Terceiro, o foco disperso fomenta a criatividade. Esse modo ajuda você a conectar ideias antigas e criar novas, traz pensamentos em formação até a superfície de seu espaço atencional e permite montar soluções para problemas. Dispersar sua atenção e deixar de se concentrar em algo específico supercarrega os poderes de ligar pontos de seu cérebro. Quanto mais criatividade seu trabalho ou projeto exige, mais você deve empregar deliberadamente o foco disperso.

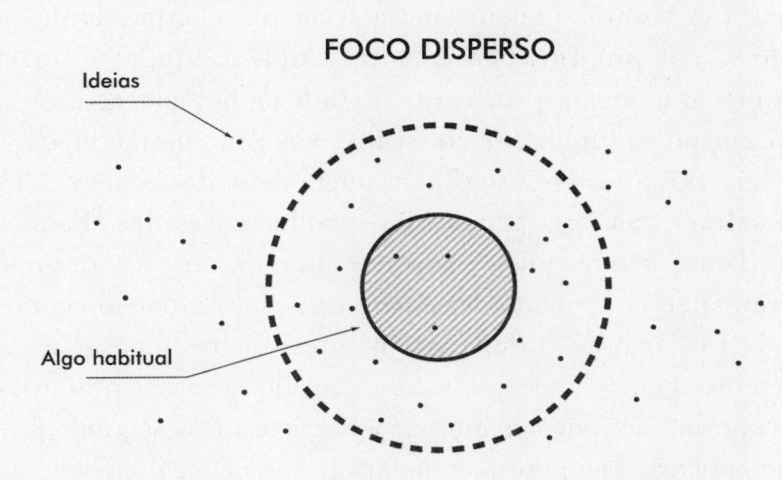

FOCO DISPERSO

Ideias

Algo habitual

Por que somos avessos ao foco disperso

Apesar dos benefícios produtivos e criativos do foco disperso, a maioria de nós fica um pouco hesitante em acionar esse modo. Embora seja fácil se entusiasmar quando nos tornamos altamente produtivos e hiperfocados, dispersar nossa atenção é menos empolgante, pelo menos na superfície. Quando estamos cercados por tantos objetos de atenção novos e estimulantes, a maioria de nós não quer ser deixada a sós com nossos pensamentos.

Em uma pesquisa recente, 83% dos americanos responderam que não passaram tempo *nenhum* "relaxando ou pensando" nas 24 horas antes de serem analisados. Outro estudo procurou medir exatamente como os participantes foram resistentes ao divagar da mente. Na primeira fase do estudo, pesquisadores conectaram dois eletrodos no tornozelo dos participantes, lhes deram choques e depois perguntaram quanto os participantes pagariam para não levar choque de novo. Cerca de três quartos do grupo concordaram que pagariam para não levar choque de novo. Na segunda fase, os participantes ficaram a sós com seus pensamentos por 15 minutos. Os pesquisadores mantiveram os eletrodos durante esse tempo, para o caso de alguém querer levar um choque de novo, poupando-se dos próprios pensamentos. Aqui o estudo se torna interessante e um pouco triste. A quantidade de homens no estudo que optaram por administrar em si mesmos um choque elétrico quando deixados a sós com seus pensamentos foi de *71%*. As mulheres se saíram melhor: apenas 26% escolheram se dar choques de novo. (Pense o que quiser desses resultados.) Esse padrão se mantém independentemente de idade, instrução, situação econômica e nível de distração dos participantes. Os resultados ficam especialmente deprimentes quando se considera que os pesquisadores permitiram aos participantes proceder para essa segunda fase apenas se concordassem em pagar para não receber o choque de novo – todos os que não haviam se importado em levar choque haviam sido rejeitados.

Se você lê um monte de livros como este, provavelmente tem familiaridade com o conceito de que nosso cérebro é projetado para a sobrevivência e a reprodução – não para fazer trabalho intelectual todos os dias. Nós nos concentramos em determinados objetos de atenção por padrão, e foi isso que permitiu que a espécie humana sobrevivesse. Já discutimos o primeiro tipo de objeto de atenção que nos atrai: tudo o que é *novo*. É o que torna nossos smartphones e outros dispositivos tão sedutores; ao passo que consideramos tarefas menos novas – como elaborar um relatório – chatas, independentemente de quanto elas nos levam a realizar.

Também somos mais propensos a focar em tudo o que é *prazeroso* ou *ameaçador*. É aqui que o instinto de sobrevivência é disparado. Prazeres como o sexo e a comida em excesso permitiram que nos reproduzíssemos e armazenássemos gordura para quando o alimento, inevitavelmente, se tornasse escasso. Concentrar-se nas ameaças em nosso meio, como a cobra rastejando nas proximidades, enquanto nossos antepassados faziam uma fogueira, permitiu-nos viver mais. Criamos o mundo ao redor para satisfazer esses desejos de objetos de atenção novos, prazerosos e ameaçadores. Considere isso da próxima vez que ligar a TV, abrir o YouTube, ler um site de notícias ou entrar em uma rede social – essas fontes oferecem uma dose contínua de todos os três.

Hoje, o equilíbrio desses três objetos de atenção está prejudicado. Estamos continuamente rodeados por novas distrações, os prazeres são abundantes, e ameaças legítimas são poucas e raras. As conexões em nosso cérebro, que em nosso passado evolucionário nos levaram a armazenar açúcares e fazer sexo como mecanismo de sobrevivência, agora nos levam a abusar de fast-food e pornografia. A constante busca por ameaças é o que nos leva a perder tempo com um e-mail negativo ou a pensar demais em um comentário descuidado e improvisado de nosso chefe. O que antes ajudava nossas chances de sobrevivência agora sabota nossa produtividade e nossa criatividade no mundo moderno. Isso faz com que nossas tarefas mais urgentes pareçam muito mais importantes do que realmente são.

Também estamos propensos a cair na armadilha do que é novo, prazeroso e ameaçador quando deixamos nossa mente divagar e voltamos nossa atenção para dentro. Nossas maiores ameaças, preocupações e medos não residem mais em nosso ambiente externo, mas sim nas profundezas de nossa consciência. Quando nossa mente divaga, ela entra em um padrão de ruminação sobre coisas estúpidas que falamos, brigas que já ganhamos e perdemos e preocupações a respeito de trabalho e dinheiro. Isso também se confirma com pensamentos prazerosos – sonhamos acordados com refeições memoráveis, nos lembramos de férias ótimas ou fantasiamos sobre como seria bacana se tivéssemos nos lembrado de dar uma resposta sagaz a algo dito anteriormente. Da próxima vez que você meditar (se já começou a fazê-lo), preste atenção ao modo como sua mente é naturalmente atraída por ameaças, prazeres e novas ideias que flutuam na sua cabeça.

Mas, na prática, nós não vivenciamos episódios de divagações negativas com tanta frequência. Essencialmente, nossa mente divaga ao negativo quando pensamos no passado, mas perambulamos pelo passado apenas *12% do tempo* − o restante passamos pensando no presente e no futuro, o que torna o foco disperso muito produtivo. Embora nossa história evolutiva nos leve a pensar na novidade e no negativo, ela também organizou nosso cérebro para a criatividade profunda sempre que voltamos nossa atenção para dentro. Eu diria que nossa capacidade de fazer isso é praticamente um superpoder.

Se comparada com a de outros mamíferos, nossa capacidade de pensar em algo que não esteja imediatamente diante de nós é bastante singular.[25] Ela nos oferece a habilidade de planejar o futuro, aprender com o passado e sonhar acordado, o que gera ideias notáveis. E nos ajuda a buscar interiormente soluções para situações externas − seja resolvendo um problema matemático ou dizendo ao garçom o ponto ideal da carne. O mais notável é que o foco disperso nos permite dar um passo para trás da vida e do trabalho e viver com mais intenção.

---

25. Há exceções a essa regra: um estudo observou que a ave *Aphelocoma californica* tende a armazenar alimentos para refeições futuras por conta de experiências anteriores de ter alimentos roubados. Isso, segundo os autores do estudo, "contesta a hipótese de que [a capacidade de planejar o futuro] é exclusiva dos seres humanos". Outro estudo descobriu que "antílopes e salamandras podem prever as consequências de eventos que vivenciaram antes". No entanto, seja qual for a capacidade que os animais tenham de planejar e pensar no futuro, ela parece rudimentar e limitada.

Ah, os lugares aonde nossa mente vai

Ao escrever *Hiperfoco*, tive a oportunidade de ler centenas, se não milhares, de estudos relacionados à gestão da atenção. Entre todas as pesquisas que encontrei, meu estudo favorito busca o lugar para onde nossa mente vai quando divaga. Foi conduzido por Benjamin Baird e Jonathan Schooler, da Universidade da Califórnia, em Santa Barbara, e por Jonathan Smallwood, da Universidade de York. Esse trabalho é absolutamente fascinante e fornece provas científicas daquilo que faz do foco disperso algo tão frutífero.

Quando sua mente divaga, ela visita três lugares principais: o passado, o presente e o futuro. Exatamente por esse motivo, dispersar sua atenção permite que sua criatividade aumente enquanto você viaja pelo tempo e conecta o que aprendeu com o que está fazendo ou o que deseja alcançar. Isso faz com que você trabalhe com mais intenção enquanto considera seu futuro e pensa no que deve fazer no presente para torná-lo realidade.

Apesar de gastarmos apenas 12% de nosso tempo de foco disperso pensando no passado, estamos mais propensos a lembrar esses episódios se os compararmos com quando pensamos sobre o presente e o futuro. (Fato curioso: 38% de nossos últimos pensamentos relacionados ao passado conectam-se com eventos do dia, 42% referem-se ao dia anterior e 20% envolvem ruminar o que aconteceu no passado mais distante.) Nossa mente é projetada para não só compreender, mas também se lembrar de ameaças, como aquele e-mail negativo que não conseguimos esquecer. (Ela faz isso para que aprendamos com nossos erros, embora se torne irritante quando traz lembranças aleatórias durante todo o dia.) Em algum nível, esses últimos pensamentos têm a ver com o poder do foco disperso: quando sonhamos acordados, muitas vezes vivenciamos nossos pensamentos como se fossem reais. Lembranças vergonhosas atacam do nada, desviam nossa atenção e fazem com que fiquemos tensos por coisas idiotas que dissemos e fizemos.[26]

Além de pensar no passado, nossa mente divaga até o presente 28% do tempo. Embora não estejamos avançando com nosso trabalho durante essas divagações, elas ainda podem ser produtivas. Pensar de forma abstrata no que está diante de nós permite que consideremos abordagens alternativas para os problemas que estamos enfrentando – como a melhor abordagem a uma conversa desconfortável em que temos que dizer a um colega que ele deveria usar desodorante. Divagações sobre aquilo em que estamos trabalhando no momento costumam ser bastante produtivas; precisamos refletir a respeito de nossas tarefas para trabalhar com mais propósito. Neurologicamente falando, é impossível focar em uma coisa e refletir sobre essa coisa ao mesmo tempo. É o que torna fundamental entrar em foco disperso. Sem entrar nesse modo, você nunca pensa no futuro. Somente quando você recua um passo ao escrever um e-mail, elaborar um artigo ou planejar seu orçamento é que consegue considerar abordagens alternativas para a tarefa.

Por fim, nossa mente divaga para pensar no futuro *48%* do tempo, mais do que os pensamentos sobre o passado e o presente juntos.[27]

---

26. A rede-padrão de nosso cérebro – a rede que acionamos quando entramos no foco disperso – é extremamente poderosa, e não apenas porque ela nos leva a vivenciar pensamentos como se fossem reais. Atividades anormais na rede – especialmente a incapacidade de suprimir a rede – são associadas a depressão, ansiedade, TDAH, transtorno do estresse pós-traumático, autismo, esquizofrenia, mal de Alzheimer e demência. Em geral, uma maior frequência de atividades nessa região do seu cérebro é benéfica: um estudo descobriu que "quando pessoas com QI mais alto [repousam sua atenção,] a conectividade [do modo padrão] em seu cérebro, sobretudo no caso de conexões de espectro longo, fica mais forte do que aquela que foi medida no cérebro de pessoas com QI médio".

27. Você deve ter percebido que esses percentuais não chegam a 100% – nos 16% restantes do tempo nossa mente está em outro lugar, ou conectando ideias ou apenas vazia.

Normalmente pensamos no futuro imediato: 44% dos nossos pensamentos futuros dizem respeito a uma hora mais tarde, no mesmo dia, e 40% ao dia seguinte. A maior parte desse tempo é gasto em planejamento. Por isso, o foco disperso nos permite agir de forma mais inteligente e mais intencional.

Cada momento de nossa vida é como uma história do tipo "Escolha sua aventura", oferecendo o tempo todo diferentes opções que permitem definir nosso caminho futuro. O foco disperso nos permite imaginar melhor esses caminhos: devemos falar com a pessoa de boa aparência sentada na lanchonete? Devemos aceitar aquela oferta de emprego? Qual ponto da carne devemos escolher? Esse modo permite também que pesemos melhor as consequências de cada decisão e de cada caminho. Pensando no futuro, devemos desligar o piloto automático e abrir espaço para recuar e considerar como queremos agir antes que nossos hábitos e nossas rotinas tomem a decisão por nós.

Os pesquisadores referem-se à propensão de nossa mente de divagar para o futuro como o nosso "viés prospectivo". Essa tendência é o que nos leva a passar metade do tempo de foco disperso em planejamento.[28] Não dedicamos quase tempo nenhum pensando no futuro quando estamos concentrados, ao passo que, no modo foco disperso, temos *14 vezes* mais chances de ter esses pensamentos. O foco disperso nos permite trabalhar com mais intenção porque nossa mente automaticamente contrasta o futuro que desejamos com o presente de que precisamos para tornar aquele futuro uma realidade. Consideramos nossos objetivos apenas cerca de 4% do tempo quando estamos imersos no que estamos fazendo, enquanto no modo foco disperso

---

28. Esse viés prospectivo pode ser outra razão para explicar por que preferimos nos distrair no Facebook a deixar a mente divagar. É o que nos faz querer entender e prever o futuro. Ver atualizações de status dos amigos nos ajuda a compreender muito melhor o futuro – pesquisadores do divagar da mente dizem que esse é um dos motivos por que preenchemos nosso tempo de devaneio com distrações estimulantes.

pensamos neles 26% do tempo. Quanto mais tempo você gasta em foco disperso entre tarefas – em vez de cair em distrações –, mais atentas e produtivas se tornam suas ações.

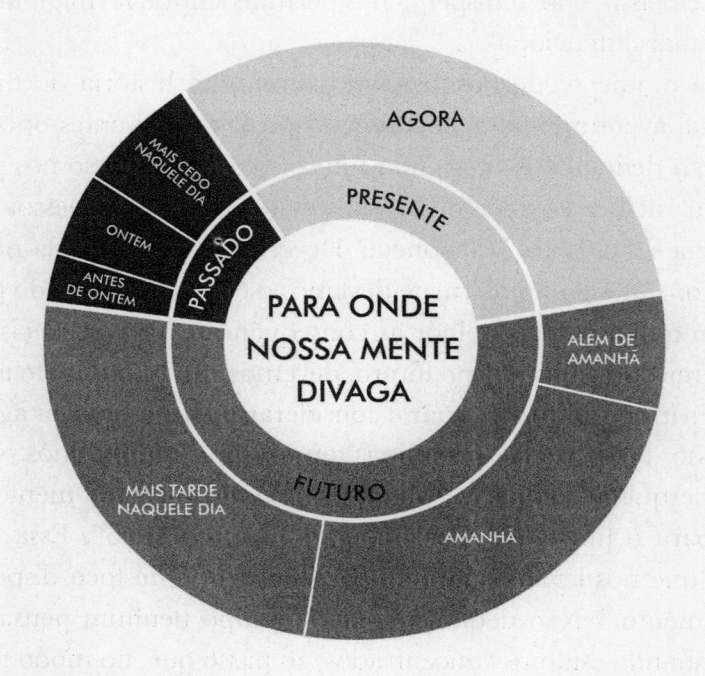

Além de ajudar a planejar o futuro, recarregar e conectar ideias, as pesquisas sugerem que o modo foco disperso também faz você:

- tornar-se mais autoconsciente;
- incubar ideias mais profundamente;
- lembrar e processar ideias e experiências significativas de forma mais eficaz;
- refletir sobre o significado de suas experiências;
- demonstrar maior empatia (o foco disperso lhe dá o espaço para se pôr no lugar do outro);
- ter mais compaixão.

Os três estilos de foco disperso

Em certo sentido, é estranho escrever sobre o modo mental de foco disperso, pois são necessárias poucas instruções para que você deixe a mente divagar. Embora hiperfocar possa ser difícil, nós já gastamos 47% de nosso tempo em algo semelhante ao modo foco disperso sem nenhum esforço sempre que nosso foco se perde e nossa atenção divaga.

Existem duas formas de divagação da mente: involuntária e intencional. A divagação involuntária ocorre sem o seu conhecimento, quando você não opta por entrar nesse modo. Aqui faço a divisão entre a divagação e o foco disperso. **O foco disperso sempre é intencional.**

Pode soar estranho soltar as rédeas da atenção *intencionalmente*. Mas, na prática, há outros estados mentais em que você tem menos controle sobre sua atenção – inclusive no hiperfoco.

Dois dos mais importantes pesquisadores no campo da divagação da mente são Jonathan Smallwood e Jonathan Schooler, e ambos concordam nesse ponto. Quando conversei com Smallwood, ele usou o exemplo de um filme: "Vamos supor que você se senta para assistir a *Pulp Fiction – Tempo de Violência*. Quentin Tarantino organizou o filme inteiro para restringir seus pensamentos. Você não precisa fazer nada enquanto assiste; é isso que torna a experiência tão relaxante. Ele controla o curso de pensamento".

Pesquisas também sugerem que percebemos para onde nossa mente divaga mais ou menos a metade do tempo. Não trabalhamos com tanta consciência quando estamos focados em algo. Schooler vai ainda mais longe que Smallwood, alegando que um dos maiores equívocos que cometemos sobre a divagação hoje é que "toda a mente que divaga o faz sem consciência, sem intenção".

A intenção é o que torna o foco disperso tão poderoso. Esse modo é sempre usado de propósito – e envolve fazer um esforço orquestrado para perceber aonde sua mente vai.

Acho útil distinguir entre alguns estilos diferentes de foco disperso:

1. **Modo de captura:** deixar sua mente divagar livremente e captar tudo o que surgir.
2. **Modo de resolução de problemas:** manter um problema solto na mente e deixar seus pensamentos divagarem em torno dele.
3. **Modo habitual:** envolver-se em uma tarefa simples e capturar as ideias e os planos valiosos que emergem daí. Pesquisas descobriram que esse modo é o mais poderoso.

Dos três estilos, o modo de captura é melhor para identificar o que está em sua mente; o modo de resolução de problemas é melhor para ruminar sobre um problema ou uma ideia específicos; e o modo habitual é melhor para recarregar e conectar o maior número de ideias.

Modo de captura

Como mencionado no Capítulo 5, limpar sua mente de circuitos abertos é uma poderosa tática de produtividade. Quanto menos afazeres, compromissos agendados e compromissos pendentes você deixar armazenados na mente, menos coisas vão existir para preencher seu espaço atencional enquanto você tentar se concentrar.

Há anos programo um ou dois períodos de 15 minutos por semana para deixar minha mente divagar livremente, durante os quais capturo qualquer material valioso e útil. Essa prática é muito simples: é só se sentar com um café, uma caneta e um caderno e esperar para ver o que emerge na superfície da sua consciência. Ao final do processo, meu caderno invariavelmente fica cheio: rabisco nomes de pessoas com quem devo fazer acompanhamento, coisas que estou esperando para fazer (e também para acompanhar), uma lista de pessoas para quem eu deveria telefonar, soluções para problemas, tarefas esquecidas, tarefas de casa, intenções que eu deveria definir e muito mais.

Geralmente me sinto energizado ao final desse pequeno ritual, porque dediquei um tempo para a minha mente.

Como discutido no Capítulo 4, tarefas, projetos e compromissos pendentes pesam sobre nossa mente, talvez porque nosso cérebro as veja como ameaças. No modo de captura, quaisquer ideias ou projetos não resolvidos vêm para a frente da mente, prontos para serem anotados e resolvidos posteriormente. A propensão de nossa mente a divagar na direção dessas ideias não resolvidas é, em parte, o que torna o foco disperso tão valioso – os circuitos abertos tornam-se muito mais acessíveis.

A título de exemplo, deixei meu computador no modo "dormir", programei um temporizador para dali a 15 minutos e capturei tudo o que veio à superfície da minha mente. Nesse curto período observei os seguintes itens a fazer:

- mapear uma linha do tempo de quando vou ter terminado de escrever *Hiperfoco*;
- entrar em contato com a editora para pedir que um nome seja acrescentado à seção de agradecimentos do meu livro anterior;
- lembrar-me de emitir um atestado de antecedentes criminais (para um acampamento de verão no qual serei voluntário);
- concluir o próximo módulo do curso de codificação que faço à noite;
- marcar uma massagem para esta semana;
- fazer uma lista das coisas importantes que preciso finalizar hoje: concluir esta seção do livro, fazer uma hora de testes de tédio e escrever um boletim rápido para meu website solicitando ideias para esse experimento.

Além de registrar essas tarefas, minha mente divagou principalmente para os lugares esperados: em grande parte para o futuro e para o presente, com algum tempo ponderando sobre o passado. Vale a pena notar que repeti o mesmo ritual de captura apenas alguns dias mais tarde e ainda consegui encher algumas páginas.

Dos três estilos de foco disperso, é provável que você descubra que o modo de captura é o que causa mais aversão – ao menos no início. Muitas pessoas acham o processo chato, mas é justamente isso que leva sua mente a divagar e cria espaço para ideias emergirem à superfície de seu espaço atencional. Separar-se das distrações naturalmente faz a sua atenção voltar-se para dentro, e seus pensamentos se tornam mais interessantes que qualquer coisa no ambiente externo.

Modo de resolução de problemas

O modo de resolução de problemas é mais útil quando você está fazendo um brainstorming para encontrar a solução para um problema específico.

Para entrar nesse modo, mantenha um problema em sua mente e deixe seus pensamentos divagarem em torno dele, virá-lo do avesso e explorá-lo a partir de diferentes ângulos. Sempre que sua mente se desviar para pensar em algo não relacionado ou ficar emperrada em um ponto, com delicadeza cutuque sua atenção para que volte ao que você pretende ou pense no problema que deseja resolver.

O modo de resolução de problemas permite resolver questões complicadas de forma mais criativa, gerando soluções não lineares a que você não necessariamente chegaria enquanto estivesse fazendo brainstorming de forma lógica com uma caneta e uma folha de papel. Como você vai experimentar os mesmos benefícios de resolução de problemas (e, em seguida, mais alguns) quando estiver com foco disperso em uma tarefa habitual, recomendo usar o modo resolução de problemas com parcimônia – guarde-o para problemas maiores que estiver processando. Por exemplo, pode valer a pena sua aplicação quando você estiver:

- ponderando sobre a possibilidade de aceitar um novo emprego e deixar o atual;
- escrevendo um e-mail cuidadoso para a equipe de liderança da sua empresa;
- considerando uma decisão difícil de relacionamento;
- fazendo brainstorming sobre como expandir seus negócios;
- decidindo entre três diferentes casas para comprar; ou
- escolhendo entre várias possibilidades de contratação para sua equipe.

Eu entrei diversas vezes no modo de resolução de problemas quando estava tentando encontrar uma estrutura para este livro; e o fazia enquanto estava praticando canoagem ou caminhando pela cidade apenas com uma caderneta no bolso. Assim que consegui minha estrutura, e antes de apresentar o livro à editora, eu tinha cerca de 25 mil palavras de notas de pesquisa que não estavam nem minimamente organizadas. Na minha cabeça, as ideias estavam muito atrapalhadas. Decidi pôr a investigação à prova e dispersar minha atenção, na esperança de dar à minha mente o espaço necessário para conectar as ideias que eu havia registrado. Imprimi minhas notas de pesquisa – é útil revisar os problemas antes de entrar no modo de resolução de problemas – e, em seguida, deixei a mente divagar em torno delas por uma hora ou duas em passeios pela natureza, ao escutar música ou em aviões. No decorrer de várias semanas, desembaralhei pouco a pouco minhas notas, moldando-as em algo que se assemelhasse a um livro.

O modo de resolução de problemas oferece à sua mente o espaço e a liberdade de dar esses grandes saltos de pensamento. Tente entrar nesse modo se não estiver conseguindo resolver um problema específico não linear de forma tradicional. Costumo entrar no modo resolução de problemas por 30 a 60 minutos por vez – fico inquieto se for mais. Teste e veja o que funciona para você.

Modo habitual

O modo habitual é o estilo mais poderoso do foco disperso, e é o que recomendo praticar com mais frequência. (Deixei esse modo por último caso você esteja tentado ignorar os outros – que são frutíferos, mas de maneiras diferentes.)

Assim como os outros modos, o foco disperso habitual é bastante fácil: basta fazer algo habitual que não consuma sua atenção por completo. Isso dá espaço para sua mente divagar e conectar ideias. Fazer isso é benéfico por inúmeras razões.

FOCO DISPERSO HABITUAL

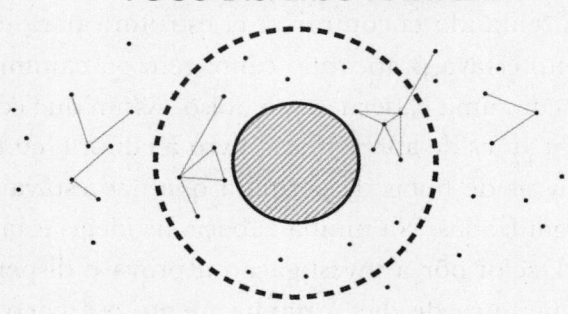

Para iniciantes, o **modo foco disperso é realmente divertido** quando você se envolve em uma atividade habitual que considera agradável. Deixar sua mente divagar em torno de uma ideia ou registrar pensamentos às vezes pode parecer entediante, mas quando você faz algo habitual que aprecia – como caminhar para buscar um café, trabalhar com madeira ou nadar – o foco disperso se torna consideravelmente mais agradável. Quanto mais feliz você estiver no modo foco disperso, mais benefícios obterá. Um humor elevado de fato *expande seu espaço atencional*, o que leva você a pensar de forma mais expansiva. Seu espaço atencional é tão essencial no modo foco disperso quanto no modo hiperfoco – é o bloco de rascunho que seu cérebro usa para conectar ideias. Um bom humor também permite que sua mente divague de forma mais produtiva, e, ao mesmo tempo, você se prende menos ao passado negativo. Você também pensa no futuro com mais frequência quando está fazendo algo agradável – o viés prospectivo de seu cérebro aumenta ainda mais. Além disso, como fazer uma atividade simples e agradável exige pouco esforço (e autorregulação), você consegue recarregar ao mesmo tempo que dispersa sua atenção.

Além de serem mais divertidas, **já ficou provado que as tarefas habituais produzem o maior número de insights criativos** se comparadas a outras tarefas exigentes, ao descanso ou a não fazer nenhuma pausa. Isso é especialmente verdadeiro quando está recuando em relação a um problema – quando tem um branco e não consegue concluir a escrita de um artigo ou quando pensa na melhor forma de escrever um relatório importante. Também é mais fácil permanecer consciente de seus pensamentos ao fazer algo habitual, pois há mais espaço atencional disponível para abrigar sua intenção de ter mais consciência dos próprios pensamentos. De novo, essa consciência é fundamental: um pensamento criativo será inútil se passar despercebido.

Tarefas habituais também incentivam sua mente a _continuar_ divagando. Quando você deixa sua mente descansar e divagar, é provável que queira continuar esse exercício de foco disperso até terminar o que começou. Uma tarefa habitual age como uma espécie de "âncora" que orienta sua mente até que você tenha concluído o trabalho, o que lhe permite continuar por mais tempo.

Para praticar o foco disperso habitual, escolha algo simples que você goste de fazer. Em seguida, realize uma tarefa – e nada mais – até sua mente divagar. Quanto mais simples, melhor – sair para uma caminhada vai desenterrar os maiores insights e conectar mais ideias do que ouvir música ou ler um livro. Boas ideias virão à superfície de sua mente enquanto você tiver atenção de sobra.

Se você notar que sua mente divagou para o passado ou para outro lugar improdutivo, permita que ela o faça (ou, se desejar, oriente-a para pensar em outra coisa se tiver ido a um lugar improdutivo). É aí que o modo de foco resolução de problema e o modo habitual diferem:

no modo resolução de problemas, você leva os pensamentos de volta ao problema que está abordando; no modo habitual, o máximo que você faz é deixar sua mente divagar livremente.

Você pode também praticar o foco disperso habitual com tarefas obrigatórias que já fazem parte de seu dia a dia. Há uma simplicidade bonita em fazer uma coisa de cada vez, como beber uma xícara de café, ir a pé para o trabalho ou botar roupa para lavar. O foco disperso se torna mais importante nos momentos entre as tarefas. Dispositivos estimulantes e distrações não apenas atrapalham nosso foco – como a água, eles escorrem para as lacunas em nosso cronograma, roubando o tempo e a atenção preciosos que normalmente gastaríamos para planejar o futuro e conectar ideias.

A principal razão pela qual muitos de nós nos sentimos exaustos é que nunca damos um descanso para a nossa atenção. Tente isto hoje: não leve o celular da próxima vez que for pegar um café ou almoçar. Em vez disso, deixe a mente divagar. O efeito dessa decisão simples é perceptível. Se não olhar para seu telefone cada vez que a pessoa com quem você foi jantar se levantar da mesa para ir ao banheiro, essa refeição será mais significativa e memorável. Ao dar um descanso à atenção, você terá espaço atencional para refletir sobre a conversa que teve e sobre o que a outra pessoa significa para você.

Correndo o risco de soar repetitivo, **a chave para a prática do foco disperso habitual é verificar com frequência quais pensamentos e ideias estão em seu espaço atencional**. Isso é particularmente importante no foco disperso habitual, pois mais coisas estão disputando sua atenção ao mesmo tempo. Tenha esse conselho em mente quando for fácil se envolver por completo com a tarefa habitual que você escolheu. Às vezes, entro em foco disperso habitual com um jogo simples e repetitivo no meu iPad. O jogo libera minha mente para divagar e pensar positivamente, e chego a um grande número de ideias no processo. (Quem disse que videogames precisam ser improdutivos?) Como eu posso jogar por hábito, tenho um tanto de atenção sobrando – mas eu *preciso* me lembrar de continuar verificando o que está ocupando meu espaço atencional, pois o jogo é como um novo objeto de atenção prazeroso. Sem essa verificação regular, temos como resultado uma perda de tempo e de atenção imensa.

Assim como com os outros estilos de foco disperso, veja se tem uma caderneta por perto ao entrar no modo habitual. Você precisará dela.

> **Se não o fez ainda, programe um tempo para experimentar esses modos de foco disperso.** Este livro só será útil se você experimentar esses conselhos. Separe um tempo na agenda para entrar em modo de captura ou de resolução de problemas, ou escolha algo simples que ame fazer todo dia, ou algo agradável que precisa fazer para deixar sua mente divagar no modo habitual. Em seguida, registre o material valioso que surgir e as ideias que você conectar. Embora sua mente talvez já divague ao longo do dia, é possível que a maior parte desse tempo não seja divertida nem intencional. Defina um objetivo para entrar nesse modo intencionalmente hoje, mesmo se apenas por alguns minutos. Jonathan Schooler apoia essa ideia. Como ele me disse: "Queria que todos soubessem como experimentar a ideia. Cada um de nós tem uma relação única com a divagação, e ela pode servir a cada um de nós de modo diferente. Todos precisamos entender como isso nos ajuda na vida pessoal de forma que possamos tirar ainda mais proveito dela. A beleza nisso tudo é ser uma experiência que se possa assistir dentro de si".

Como o hiperfoco ajuda você a ter foco disperso

Quando você pratica o foco disperso intencional, há inúmeras maneiras de orientar sua mente a divagar de forma *ainda mais* produtiva. Felizmente, você aprendeu todas na primeira parte do livro!

De muitas formas, o hiperfoco e o foco disperso não poderiam ser mais distintos. O hiperfoco significa se concentrar em uma coisa; o foco disperso envolve focar em nada específico. Com o hiperfoco você direciona sua atenção para fora; com o foco disperso você direciona sua atenção para dentro. Um significa atenção; o outro, desatenção. Em nível neurológico, os dois modos de fato são *anticorrelacionados* – quando a rede cerebral que apoia o foco disperso é ativada, a ativação em sua rede de hiperfoco despenca, e vice-versa.[29] Dito isso, os dois modos de seu cérebro reforçam-se mutuamente, em especial quando se entra em cada modo com intenção. Isso torna importante a prática deliberada dos dois modos.

Praticar o hiperfoco – e deliberadamente administrar a atenção – oferece uma série de benefícios: expande seu espaço atencional para que você possa se concentrar em mais tarefas ao mesmo tempo, melhora sua memória e permite que você tenha mais consciência dos pensamentos que passeiam pela sua cabeça. Como se vê, todos os três itens são benéficos no modo foco disperso.

O tamanho de seu espaço atencional é um dos maiores determinantes de quão frutíferos serão seus episódios de foco disperso. Quanto maior, melhor, uma vez que isso vai permitir que você tenha mais em mente enquanto estiver em foco disperso. O espaço atencional é parte integrante dos dois modos: no hiperfoco, aquilo em que você estiver trabalhando preenche esse espaço; no modo foco disperso, ele permite construir novas ideias de forma coesa e pensar no futuro.

Administrar propositalmente sua atenção também faz com que você se lembre de mais coisas. Essa é a segunda maneira como a prática regular do hiperfoco ajuda: quanto mais informações você reunir e lembrar quando em foco, melhor será na construção de ideias e eventos futuros no modo foco disperso. Como um artigo recente na revista

---

29. Em caso de curiosidade, a rede positiva à tarefa (TPN) de seu cérebro sustenta o hiperfoco, e a rede negativa à tarefa ou "modo padrão" (DMN) sustenta o foco disperso. Sua rede positiva à tarefa é ativada quando você presta atenção a algo externo, enquanto a sua rede de modo padrão é ativada quando o foco interno é alto.

científica *Nature* explica, é "útil pensar o cérebro como um órgão fundamentalmente prospectivo projetado para usar informações do passado e do presente a fim de gerar predições sobre o futuro. A memória pode ser pensada como uma ferramenta usada pelo futuro cérebro para gerar simulações de possíveis eventos futuros".

Relembrar o passado nos ajuda a imaginar o futuro, pois é impossível reunir ideias e informações às quais ainda não se prestou atenção antes. Quanto melhor gerirmos nossa atenção quando estivermos focados, mais informações teremos às quais recorrer quando não estivermos. Mais adiante há um capítulo dedicado à importância de escolher o que consumir e em que prestar atenção: assim como você é o que come, quando se trata das informações que você consome você é aquilo em que escolhe colocar seu foco. Consumir material valioso em geral torna as sessões de foco disperso ainda mais produtivas.

Uma terceira ideia da qual já falamos é a importância de metaconsciência e da verificação contínua do que está consumindo o espaço atencional. Isso não só permite que você se concentre de forma mais profunda, como também ajuda a ter foco disperso.

Como você talvez já tenha vivenciado, pode demorar alguns minutos até que perceba que sua mente divagou, mesmo durante a meditação. Um estudo realizado por Jonathan Schooler descobriu que percebemos nossa mente divagando, em média, apenas 5,4 vezes a cada hora. Lembre-se de que divagamos 47% do tempo. Reunidos, esses dados mostram apenas quanto tempo nossa mente consegue divagar sem termos consciência. Há uma razão interessante que explica por que leva algum tempo até percebermos isso. Como revelou um estudo, o fato de a mente fazer isso pode "sequestrar as próprias regiões do cérebro necessárias para o reconhecimento de sua ocorrência". Por isso uma verificação regular do que está ocupando nossa atenção é duplamente importante.

Quanto mais vezes você fizer essa verificação, mais produtivos serão seus episódios de divagação. Você terá mais capacidade de afastar seus pensamentos do passado e, em vez disso, pensará sobre ideias atuais e sobre o futuro. Assim como quando se expande o espaço atencional, praticar a metaconsciência torna o modo foco disperso significativamente mais positivo e construtivo.

Repensando o tédio

Responda sinceramente: quando foi a última vez que você sentiu tédio?

Pense de verdade. Consegue lembrar?

É possível que tenha sido há muito tempo, talvez antes de deixar que os dispositivos entrassem em sua vida. Nunca na história humana tivemos nossa atenção dividida entre tantas coisas. No momento, pode parecer um benefício, temos sempre algo a fazer, mas a desvantagem é que dispositivos distrativos basicamente eliminaram o tédio de nossa vida.

Talvez você esteja se perguntando: livrar-se do tédio não é uma mudança positiva? Não necessariamente. O tédio é a sensação que experimentamos como transição para um nível inferior de estímulo. Aparece com mais frequência quando somos forçados a nos adaptar a esse nível inferior de repente, quando nos vemos à procura de algo para fazer num domingo à tarde ou paramos a escrita de um e-mail e entramos em uma reunião torturante:

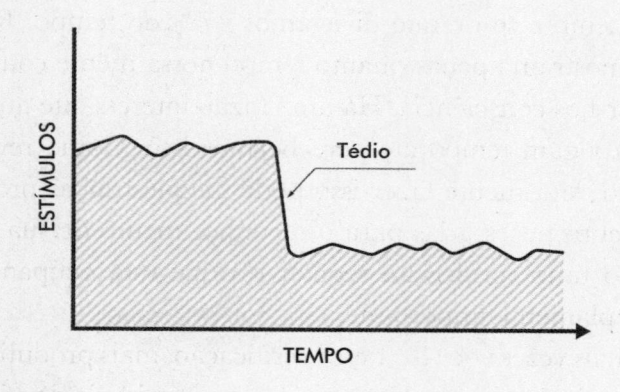

Não surpreende que o tédio não aconteça quando temos um dispositivo sempre ao alcance ou um site distrativo para visitar – sempre tem algo para nos divertir no momento. Como consequência, quase nunca precisamos nos ajustar a um nível mais baixo de estímulo. Na verdade, com frequência precisamos arrancar nosso foco desses dispositivos quando chega a hora de botar a mão na massa.

Sou grande fã de fazer experimentos com meus próprios conselhos, pois muitas sugestões que parecem boas na teoria não funcionam na prática. Recentemente fiz isso para determinar, de uma vez por todas, se o tédio é positivo de verdade. O tédio é produtivo em pequenas doses? Qual é a diferença em relação ao foco disperso? Estamos certos em resistir a ele?

Durante um experimento que durou meses, eu me obriguei intencionalmente a ficar entediado durante uma hora por dia. Nesse período desliguei todas as distrações e dediquei meu tempo e minha atenção a uma tarefa terrivelmente tediosa, com base em alguma das 30 ideias mais estranhas sugeridas por leitores do meu site:

1. Ler os termos e condições do iTunes.
2. Encarar o teto.
3. Assistir ao C-SPAN 3, canal de notícias oficial do governo americano.
4. Telefonar para o departamento de bagagem perdida da Air Canada e esperar para ser atendido.
5. Assistir ao C-SPAN 2, outro canal de notícias oficial do governo americano.
6. Observar Edward, minha tartaruga, nadar para lá e para cá em seu tanque.
7. Olhar fixamente para uma pá de ventilador girando devagar.
8. Pintar uma tela minúscula de uma cor só.
9. Assistir à tinta secar.
10. Ficar olhando pela janela do escritório.

11. Remover as sementes de um morango com uma pinça e contá-las.
12. Assistir à grama crescendo.
13. Olhar fixamente pela janela de um trem.
14. Assistir a um torneio de xadrez on-line.
15. Observar uma nuvem no céu.
16. Esperar em um hospital.
17. Assistir a uma torneira pingando.
18. Passar cada peça de roupa que tenho.
19. Contar os zeros nos primeiros 10 mil dígitos de pi (π).
20. Observar minha namorada lendo.
21. Fazer pontinhos em uma folha de papel.
22. Comer sozinho em um restaurante sem livro nem celular.
23. Ler artigos da Wikipédia sobre cordas.
24. Assistir a um relógio funcionando.
25. Observar cada transferência de arquivos do computador para um HD externo (e vice-versa).
26. Descascar exatamente cinco batatas.
27. Observar uma panela ferver.
28. Participar de uma missa em latim.
29. Assistir ao C-SPAN, outro canal de notícias oficial do governo americano.
30. Mover pedrinhas de um lugar para o outro repetidamente.

Algumas vezes a cada hora eu selecionava aleatoriamente uma amostra do que estava acontecendo na minha cabeça: se meus pensamentos eram positivos, negativos ou neutros, se minha mente estava concentrada em algo ou divagando, quanto os pensamentos eram construtivos, como eu me sentia e quanto tempo eu achava que tinha passado desde a última amostra.

Alguns resultados desse experimento foram surpreendentes. Assim que meu ambiente externo ficou menos estimulante, naturalmente voltei minha atenção para dentro, onde meus pensamentos eram infinitamente mais interessantes e estimulantes. Nesse sentido, o tédio de fato é apenas um foco disperso indesejado. Ainda flagrei minha mente planejando o futuro, processando ideias e saltando entre o passado, o presente e o futuro, tal como faz no modo foco disperso habitual, mas não desfrutei tanto o processo nem tive vontade de continuar.

O experimento também rendeu alguns efeitos colaterais inesperados. Um que me deixou especialmente desconfortável foi, na ausência de estímulo, instintivamente ter procurado distrações para ocupar minha atenção. Ao ser forçado a retirar sementes de um morango com uma pinça ou ler artigos da Wikipédia relacionados a cordas, fiquei procurando algo, *qualquer coisa* para fazer: uma bagunça para arrumar, um dispositivo para pegar – qualquer tranquilizante que me distraísse dos pensamentos em minha cabeça. Se eu pudesse administrar em mim mesmo um choque elétrico naquele momento, talvez eu tivesse feito isso. Nossa mente está acostumada a estímulos constantes e tende a procurá-los como se fosse uma coisa universalmente boa. E não é.

Não é por acaso que muitas táticas neste livro envolvem tornar seu trabalho e sua vida menos estimulantes – quanto menos estímulos você tiver, mais profundamente vai conseguir pensar. Cada vez que trocamos o tédio pelo estímulo, não conseguimos planejar, desencavar ideias que nossa mente incubou ou recarregar nossas baterias para podermos trabalhar mais tarde com mais energia e propósito.

Isso não quer dizer que o tédio seja totalmente útil. Ao contrário do foco disperso habitual, o tédio nos deixa ansiosos, inquietos e desconfortáveis – sensações que tive constantemente durante o experimento. Mais tédio não é algo que eu deseje a ninguém, mas *sim* mais divagação da mente. Felizmente nossa mente divaga para os mesmos lugares durante episódios de foco disperso ou de tédio. Por isso o foco disperso é tão positivo: ele permite que nossa mente divague enquanto somos menos estimulados, mas faz isso com um propósito.

Existia um aplicativo chamado desfragmentador de disco que vinha pré-instalado em todos os computadores Windows, quando cada PC tinha um disco lento e giratório. Se o computador estivesse devagar, o programa rearranjava ordenadamente os blocos não contíguos de arquivos para deixá-los fisicamente mais próximos na unidade. Isso acelerava significativamente o computador, pois a unidade não precisava mais girar como louca para buscar os elementos de determinado arquivo que ficavam espalhados no disco.

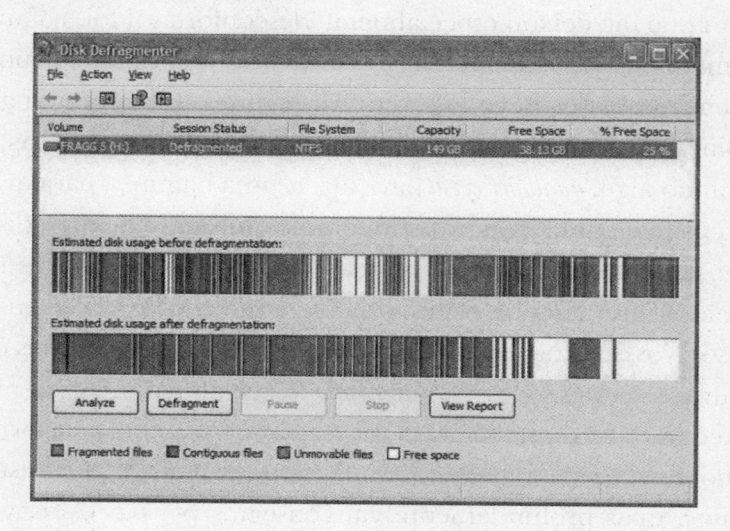

Mesmo que você não fosse tão afeito à tecnologia, usar o aplicativo sempre era estranhamente satisfatório, e até mesmo visualmente agradável, pois ele exibia a imagem de blocos espalhados sobre um retângulo que eram reorganizados devidamente e arrumados durante o funcionamento do programa.

Nossa mente funciona de forma semelhante. Desfragmentamos nossos pensamentos quando abrimos espaço entre as tarefas. Isso nos ajuda a pensar com clareza e nos dá atenção extra para processar relacionamentos, experiências, ideias e problemas que não conseguimos esclarecer. Nesses momentos, o tédio e o foco disperso são poderosos porque permitem um útil autoexame.

Como espero que você concorde, essas lacunas de atividade são tão valiosas quanto as atividades em si. É hora de reivindicá-las.

Capítulo 7

RECARREGUE SUA ATENÇÃO

"Descansar não é ócio, e às vezes deitar na grama sob as árvores em um dia de verão, ouvindo o murmúrio da água ou observando as nuvens no azul do céu, não é, de jeito nenhum, desperdício de tempo."
– John Lubbock, em *The Use of Life*

Quando você deve recarregar

Assim como o foco disperso permite definir intenções com mais frequência e melhorar sua criatividade, ele também ajuda você a recarregar.

Nossos níveis de energia influenciam o quanto somos capazes de ter foco. Provavelmente você sentiu os efeitos disso da última vez que perdeu algumas horas de sono ou ignorou as pausas no trabalho. É possível que as três medidas da qualidade de sua atenção tenham diminuído: você não conseguiu se concentrar por muito tempo, se distraiu e se desviou para outras tarefas ou interesses com mais frequência e se flagrou mais vezes trabalhando no piloto automático.

A lição deste capítulo é simples: quanto mais entramos em foco disperso para reconstituir nossa energia mental, mais energia temos para nossas tarefas mais importantes. À medida que nossa energia mental se esgota ao longo do dia, nossa capacidade de foco também se esgota. A recarga é fundamental e vale o tempo investido.

Pesquisas mostram que o espaço atencional se expande e se contrai na proporção de quanta energia mental temos. Dormir o suficiente, por exemplo, pode aumentar o tamanho do espaço atencional numa média de *58%*, e fazer pausas frequentes pode ter o mesmo efeito. Isso afeta a produtividade: o espaço atencional fica cerca de 60% maior, e a produtividade pode crescer igualmente, em especial quando estamos trabalhando em uma tarefa exigente. Quanto mais descansados estivermos, mais produtivos ficaremos.

O hiperfoco pode ser muito cansativo – exige o controle de nosso comportamento, o que drena constantemente um reservatório de energia limitada. No fim, nossa energia diminui, e focar na tarefa se torna mais difícil. Nosso espaço atencional se contrai, e precisamos recarregar.

NOSSO ESPAÇO ATENCIONAL AO LONGO DO TEMPO

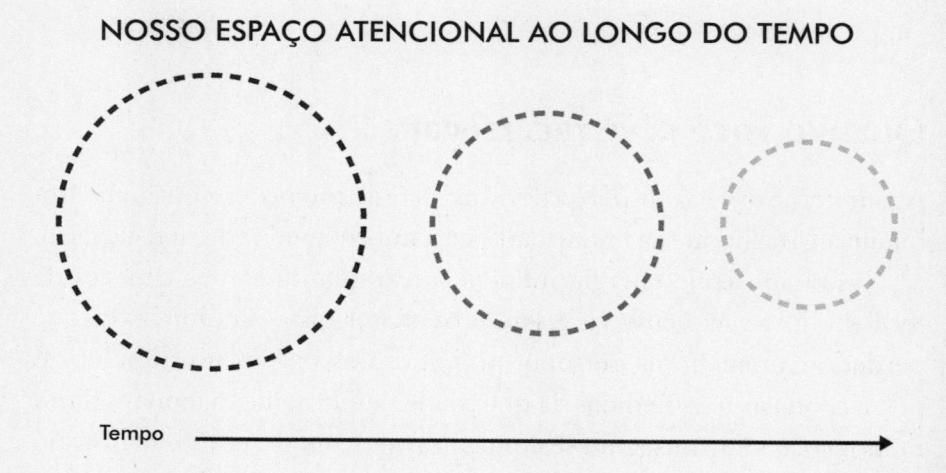

Existem muitos sinais de que você está com pouca energia e precisa recarregar sua atenção propositalmente:

- quando você alterna entre tarefas e é incapaz de manter o foco em uma coisa;
- quando perde o controle de suas intenções e trabalha de forma mais reativa;
- quando realiza tarefas em um ritmo visivelmente mais lento

(por exemplo, lê o mesmo e-mail importante várias vezes para compreendê-lo);

- quando opta por fazer um trabalho menos importante, mais automático – como verificar e-mails, rede social etc;
- quando involuntariamente vai parar no modo foco disperso.

Faça mais pausas revigorantes

Muitas pessoas gastam uma enorme quantidade de tempo fazendo um trabalho que não as deixa felizes. Fazer o trabalho que você ama é muito menos cansativo do que fazer um trabalho com que não se preocupa – o foco sempre parece mais forçado para o último. Quanto mais você se importa, mais uso faz de sua atenção. Pesquisas também sugerem que a mente divaga menos quando se está fazendo algo de que realmente se gosta.

Além dos outros benefícios do foco disperso, praticá-lo cria um bolsão de tempo no qual não é necessário regular seu comportamento, o que restaura energia. A prática do foco disperso, mesmo se apenas por cinco a dez minutos, permite que o cérebro descanse, ajudando a reconstituir seu reservatório limitado de energia mental.

Estudos revelam que uma pausa revigorante no trabalho precisa ter três características. Ela deve ser:

- de pouco esforço e habitual;
- algo que você de fato *queira* fazer;
- algo que não seja uma obrigação (a menos que você realmente goste de cumprir com essa obrigação).

Em suma, a pausa precisa envolver algo que seja agradável e não exija esforço.

Pausas de trabalho divertidas e prazerosas oferecem os mesmos benefícios notáveis do modo habitual: sua mente vai divagar para o futuro, enquanto você cria espaço atencional para mais ideias e insights. Pausas divertidas também energizam você para quando retomar o trabalho.

Em geral, as pausas de trabalho não são tão revigorantes como deveriam ser, pois ficamos imediatamente ocupados demais verificando redes sociais ou notícias e nos distraindo de outras maneiras, sem recuar para de fato deixar a mente descansar. Na verdade, essas "pausas" são um codinome para atividades não relacionadas ao nosso trabalho – e, como ainda exigem nossa atenção, nunca temos uma chance real de recarregar. Em vez de pensar com clareza e propósito quando voltamos a trabalhar, às vezes acabamos reunindo energia apenas para trabalhar no piloto automático, verificando se novos e-mails chegaram e fazendo trabalho desnecessário e distrativo.

Existem inúmeras atividades para pausa agradáveis e revigorantes que vão fazer você experimentar os imensos benefícios do foco disperso habitual, embora não tirem sua capacidade de hiperfocar depois que a pausa termina.

Escolha uma atividade que você ama, algo que possa fazer uma ou duas vezes por dia onde você trabalha. Defina a intenção de fazer essa atividade amanhã. Pode ser uma caminhada em torno do prédio do trabalho, aproveitar a academia de ginástica nas redondezas ou passar um tempo com colegas que energizam você. Essas atividades são uma ótima maneira de dar à sua mente uma pausa verdadeira. Resista ao impulso mecânico de se distrair durante esse período. Durante minhas pausas de trabalho, eu me afasto mais ou menos a cada hora para deixar minha mente se recarregar. Amo caminhar até o café mais próximo sem celular, me exercitar na academia, bater papo com um colega ou ouvir um podcast.

Aqui estão algumas atividades de pausa que têm funcionado para mim e para pessoas que já orientei:

- sair para uma caminhada na natureza;[30]
- correr ao ar livre ou frequentar a academia do trabalho (se a empresa tiver uma) ou fora;
- meditar (especialmente se o seu escritório tiver uma sala de relaxamento);
- ler algo divertido e não relacionado ao trabalho;
- ouvir música, um podcast ou audiolivro;
- passar um tempo com colegas de trabalho ou amigos;
- investir tempo em um passatempo criativo, como pintura, serralheria ou fotografia.

Quando você escolhe uma atividade de pausa de que gosta, consegue ainda ter os benefícios do foco disperso habitual enquanto descansa e se recarrega.

Frequência e duração

Então, quando e com que frequência você faz uma pausa em seu trabalho?

Como não há duas pessoas iguais, a frequência e a duração das pausas dependem de inúmeros fatores. Da mesma forma que você precisou tentar várias alternativas para criar um modo livre de distrações, experimente conhecer o que traz mais energia para *você*. Por exemplo, talvez você precise de pausas mais frequentes se tem como

---

30. Este livro teria mais de mil páginas se eu comentasse cada tópico que contribuiu para promover o foco, mas vale a pena destacar que passar tempo na natureza ajuda você a sentir que descansou e se recarregou. Essa atividade deixa você até 50% melhor em tarefas de resolução de problemas criativos, diminui os níveis de hormônios de estresse no corpo em cerca de 16%, acalma e melhora o humor. Um estudo ainda descobriu que "[a]queles que moram em quarteirões com mais árvores mostraram um aumento na saúde cardíaca e metabólica equivalente ao que se vivenciaria com um acréscimo de 20 mil dólares na renda". Evoluímos para prosperar na natureza, não em selvas de concreto.

característica a introversão e precisa trabalhar com uma elevada quantidade de interação social com grandes grupos. Se você é um introvertido que trabalha em um escritório aberto, talvez precise se afastar com mais frequência durante o dia também.

> Se estiver em uma função de gerência, contratar pessoas que se importem profundamente com os valores da empresa é a melhor decisão que pode tomar. Os gestores muitas vezes tentam deixar a equipe mais produtiva quando é tarde demais. Eles conseguem contratar pessoas altamente qualificadas, mas são profissionais que fazem seu trabalho apenas pela remuneração.

Recarregar com frequência também pode ser necessário se você acha que não tem motivação para um projeto específico ou para seu trabalho de modo geral. Quanto mais precisar controlar seu comportamento – para resistir às tentações e distrações ou se obrigar a fazer as coisas –, mais frequentemente precisará recarregar. (É por isso que os prazos podem ser úteis: eles forçam você a se concentrar em algo.) O foco se torna fácil quando se está trabalhando em uma tarefa intrinsecamente motivadora – todos os conselhos de produtividade no mundo não vão adiantar se você não suportar seu trabalho.[31] Pesquisas sobre o valor das pausas apontam para duas regras simples:

1. Faça uma pausa *pelo menos* a cada 90 minutos.
2. Faça uma pausa de cerca de 15 minutos para cada hora de trabalho.

---

31. Uma observação interessante: quanto menos uma pessoa é motivada por dinheiro, mais dinheiro acaba ganhando no final das contas. Dinheiro, fama e poder são objetivos extrínsecos – são externos para você e muito menos motivadores que os objetivos intrínsecos, tais como o crescimento, a comunidade e a ajuda aos semelhantes.

Pode parecer muito tempo para uma jornada de trabalho de oito horas, mas é o equivalente a mais ou menos uma pausa de uma hora para o almoço e um intervalo de 15 minutos na parte da manhã e da tarde. Na maioria das situações, essas duas regras são práticas e podem ser seguidas sem afetar seu cronograma de trabalho.

Por que 90 minutos é o número mágico? Nossa energia mental tende a oscilar em ondas de 90 minutos. Dormimos em ciclos de 90 minutos, avançando por períodos de sono leve, profundo e REM. Nossa energia continua a seguir o mesmo ritmo depois que acordamos: nos sentimos descansados por cerca de 90 minutos e, em seguida, cansados por um curto período de tempo – em torno de 20 a 30 minutos. Uma pequena pausa a cada 90 minutos, mais ou menos, aproveita esses altos e baixos naturais nos ciclos de energia. Faça uma pausa quando notar que seu foco está diminuindo ou depois de encerrar uma grande tarefa – fazer isso significa que você terá menos resíduos atencionais, enquanto permite que sua mente divague.

Ao fazermos pausas estratégicas, somos capazes de usar períodos de maior energia mental para a máxima produtividade – e recarregar nossa energia quando ela diminui naturalmente. Pesquisas mostram que nos tornamos mais criativos durante esses períodos de energia baixa, pois neles nosso cérebro fica menos inibido, o que permite que mais ideias surjam. Isso faz com que momentos de baixa energia sejam perfeitos para o foco disperso. Comece a prestar atenção ao fluxo e refluxo de seus níveis de energia na parte da manhã e faça um esforço orquestrado para recuar quando sentir que sua energia começou a diminuir. Os níveis de energia se estabilizam um pouco mais na parte da tarde, e sua diminuição é menos previsível, mas vale a pena manter um ritmo semelhante.

E por que devemos fazer uma pausa de 15 minutos a cada hora de trabalho? Não existem muitas pesquisas confiáveis sobre o assunto, mas uma empresa tentou fazer alguns cálculos. Um aplicativo de rastreamento de tempo chamado DeskTime – que rastreia automaticamente os programas de computador abertos de forma que se possa ver no fim do dia como foi a produtividade – avaliou os dados de intervalo para os 10% de usuários mais produtivos. Descobriram que, em média, esses usuários fizeram uma pausa de 17 minutos depois de cada período de 52 minutos de trabalho.

Vale a pena adaptar seu cronograma de pausas aos seus hábitos de trabalho. Se for pegar um segundo chá ou café pela manhã, faça isso ao fim de 90 minutos de trabalho e dê à sua mente um repouso legítimo durante esse tempo. Em vez de almoçar com pressa na frente do computador, faça uma pausa *real* para o almoço – na qual você se recarregue de forma legítima para o turno da tarde. Deixe o celular no escritório e entre no modo foco disperso na hora de almoço ou durante a leitura de um bom livro, tendo certeza de que vai capturar quaisquer pensamentos e ideias que esteja incubando. Na parte da tarde, tome um café descafeinado ou aproveite a sala de cochilo, o espaço de meditação ou a academia de sua empresa.

O melhor momento para fazer uma pausa é antes de precisar. Assim como é provável que você já esteja desidratado quando sentir sede, seu foco e sua produtividade provavelmente já começaram a vacilar no momento em que você sentiu cansaço.

Sono

Falando em descanso, seria negligência da minha parte não discutir o sono.

Eu tenho uma regra pessoal (confesso que um pouco pseudocientífica) que acho que vale a pena seguir quando se trata de dormir: **para cada hora de sono que perder, você perde duas horas de produtividade no dia seguinte**. Não há respaldo científico para essa regra – como no caso das pausas, somos diferentes –, mas a quantidade de sono que temos importa muito, especialmente no que diz respeito ao trabalho intelectual. Perdemos mais do que ganhamos quando comprometemos nosso sono para trabalhar mais horas.

O tamanho de nosso espaço atencional pode encolher 60% como resultado de um déficit de sono – tarefas complexas podem demorar mais que o dobro do tempo quando estamos cansados. Também ficamos menos autoconscientes e verificamos nosso espaço atencional com frequência menor. Trabalhar com espaço atencional reduzido é ótimo para tarefas mecânicas, como copiar dados para uma planilha, mas nossa produtividade diminui quando tentamos nos concentrar em algo complexo. Na maioria dos casos, é muito melhor trabalhar menos horas e dormir o suficiente do que tentar cumprir um dia inteiro de expediente sob o efeito do cansaço. Algumas pessoas afirmam serem capazes de sobreviver com menos sono do que todo mundo, mas é possível que o trabalho delas não seja tão complexo ou que elas seriam capazes de fazer ainda mais se estivessem mais descansadas. Pior ainda, um déficit de sono nos faz enxergar nossa produtividade como sendo maior do que de fato é.

Apesar de passarmos cerca de um terço da nossa vida basicamente em estado de coma, entendemos muito pouco do que acontece durante o sono, e isso por diversas razões: nosso cérebro é excessivamente complexo, equipamentos de escaneamento do cérebro são caros, e o barulho dos escâneres tende a perturbar os estágios mais finais (e mais leves) do sono dos participantes. No entanto, os estudos que oferecem um vislumbre do que acontece no nosso cérebro enquanto dormimos são fascinantes, sobretudo aqueles que examinam as semelhanças entre o sono e o foco disperso.

Se colocássemos alguém que está sonhando e outra pessoa que está sonhando acordada em uma máquina de escaneamento cerebral, notaríamos algo peculiar: as duas tomografias cerebrais seriam assustadoramente semelhantes. Sonhar durante o sono e devanear no modo foco disperso ativam as mesmas regiões do cérebro, embora fiquem ainda mais ativas enquanto estamos dormindo. Em nível neurológico, sonhar é o modo foco disperso turbinado.

Isso faz sentido quando consideramos os dois modos. Nós nos sentimos recarregados tanto após episódios de sono quanto de foco disperso.

Nossa mente divaga para muitos dos mesmos lugares se estamos dormindo ou sonhando acordados – inclusive arrependimentos do passado, fantasias e ansiedades sobre o futuro e nossas relações com outras pessoas (embora nossa mente alterne entre as coisas muito mais quando estamos sonhando). A mente tem a chance de desfragmentar seus pensamentos, tanto durante o sono quanto nos episódios de divagação da mente, bem como de consolidar informações que ela vinha aprendendo e processando. O cérebro também aciona cada modo de forma um pouco aleatória, o que pode levar a ideias pioneiras (bem como a algum material aleatório inútil). Não é de admirar que inúmeras grandes ideias tenham surgido enquanto as pessoas dormiam, como a melodia de "Yesterday", de Paul McCartney, a ideia de Dmitri Mendeleev sobre a tabela periódica e Jack Nicklaus com sua tacada nova e melhorada no golfe.

Além de afetar a produtividade, o déficit de sono gera outros custos altos. Pesquisas mostram que, à medida que dormimos menos, nós também:

- sentimos mais pressão no trabalho;
- nos concentramos por um período mais curto (*menos* de 40 segundos);
- acessamos sites de redes sociais com mais frequência;
- ficamos com o humor mais negativo;
- buscamos o tempo todo tarefas menos exigentes (eliminando aquelas que não se encaixam em nosso espaço atencional reduzido);
- gastamos mais tempo on-line durante o dia todo.

Isso se revela mais verdadeiro para aquelas pessoas que estão entre os 19 e os 29 anos, uma faixa etária que opta por ir para a cama mais tarde do que qualquer outra – em torno da meia-noite em média. Considerando que a maioria de nós precisa de cerca de oito horas de sono, ir para a cama à meia-noite não exatamente nos prepara para sermos produtivos no dia seguinte, a menos que tenhamos flexibilidade para acordar mais tarde.

> **Uma das melhores maneiras de dormir mais** e aumentar a qualidade de seu sono é desenvolver um ritual noturno consistente. Como nossos níveis de energia se esgotam no fim do dia, tendemos a gastar muito tempo no piloto automático. Estabeleça uma rotina que lhe permita relaxar antes de dormir. Considere adquirir hábitos como ler, meditar, desconectar-se da internet, beber uma xícara de chá de ervas ou simplesmente retirar a televisão do quarto. É um objeto de atenção conveniente infinitamente mais estimulante que o sono. Ir para a cama em uma hora satisfatória é a melhor maneira de conseguir dormir o bastante. Enquanto a maioria de nós precisa acordar em um horário determinado, nossa rotina noturna em geral é mais flexível.

Descansar não é ócio

Quando você tem mais trabalho a fazer do que tempo para terminá-lo, não parece muito certo parar e repousar – talvez você até sinta pontadas de culpa se fizer isso. Em geral, é apenas a insegurança se manifestando: enquanto você considera os custos de fazer uma pausa, começa a pensar em todas as outras coisas que *deveria* estar fazendo em vez descansar. Fazer uma pausa *parece* menos produtivo do que botar a mão na massa, então você sente culpa apenas por *considerar* recuar.

Essa lógica não se sustenta na prática. Na verdade, fazer pausas é uma das coisas mais produtivas que você pode fazer. Como discutimos, seu cérebro tem um reservatório de energia limitado e, quando essa reserva se esgota, seu foco e sua produtividade também acabam. As pausas não só permitem que você recarregue, mas também impedem que você pare de vez.

Quando descansamos, trocamos nosso tempo por energia. Isso é real, quer estejamos descansando durante uma pausa ou em uma boa noite de sono. Esse investimento de tempo não evapora, e, na realidade, você deveria sentir culpa por *não* fazer pausas.

Muitas vezes ao longo deste livro, pedi para você olhar para trás, para seu trabalho e para sua vida, sugerindo que você pensasse em quando se sentiu com mais foco e criatividade. Há uma razão para isso: você pode aprender muito com um pouco de introspecção. Se quiser mais produtividade, criatividade ou envolvimento com seu trabalho, a verdade é que você já tem uma enorme quantidade de dados à sua disposição. Tudo o que precisa fazer é refletir sobre quando você já teve mais produtividade, criatividade ou felicidade e considerar as condições que levaram a esse estado.

Vale a pena fazer um exercício semelhante aqui. Pense na última vez que você abordou seu trabalho com muita energia. Talvez tenha havido um período em que você tinha o hábito de se exercitar na hora do almoço ou fazia mais pausas que de costume. Quanto você foi capaz de produzir nesses dias?

Fazer mais pausas com certeza significa trabalhar de maneira mais inteligente e realizar mais. Ironicamente, quanto mais ocupado estiver, mais vai precisar delas. Durante momentos como este, a probabilidade de se sentir pressionado é maior, e você vai se beneficiar da perspectiva que o foco disperso oferece.

Este capítulo é um dos mais curtos do livro, pois a ideia principal é simples: o modo foco disperso nos ajuda a recarregar nossa capacidade de hiperfocar, além de permitir que planejemos o futuro e nos tornemos mais criativos.

Capítulo 8

LIGUE OS PONTOS

"Não sou tão inteligente assim; só passo
mais tempo com os problemas."
– Albert Einstein

Seja mais criativo

Além de permitir que você planeje o futuro e reabasteça seu estoque de energia mental, o foco disperso permite que você tenha mais criatividade. Você pode usar o foco disperso para ter mais criatividade de duas maneiras: primeiro, ligando mais pontos e, em segundo lugar, por meio da coleta de pontos mais valiosos – um tópico a ser abordado no próximo capítulo.

Hiperfoco significa se concentrar em uma única coisa. Isso permite que o seu cérebro se torne produtivo, codifique informações e experiências para se lembrar delas mais tarde e se envolva com o mundo ao seu redor. No modo foco disperso, você faz o oposto: se afasta e liga as constelações de "pontos" na cabeça (um "ponto" é um fragmento de informação que você tenha em mente).

No nível neurológico, nosso cérebro é uma constelação de redes cheia de pontos – e estamos constantemente adicionando mais coisas a cada nova experiência. Coletamos pontos quando criamos lembranças com entes queridos, estudamos história ou lemos biografias de pessoas

que viveram intensamente – o que nos ajuda a compreender as sequências de ideias que criaram o mundo em que vivemos hoje. Acumulamos pontos a cada erro que cometemos (e com os quais aprendemos) e a cada vez que nos abrimos o bastante para admitir que estamos
errados – o que substitui pontos obsoletos em nossa mente por novos.
Coletamos pontos a cada conversa esclarecedora, o que nos permite
olhar para as constelações de pontos que vivem na mente de pessoas
sábias ou daquelas que veem o mundo de forma diferente. Cada ponto
é codificado em nossa memória e fica disponível para uso posterior.

FOCO DISPERSO

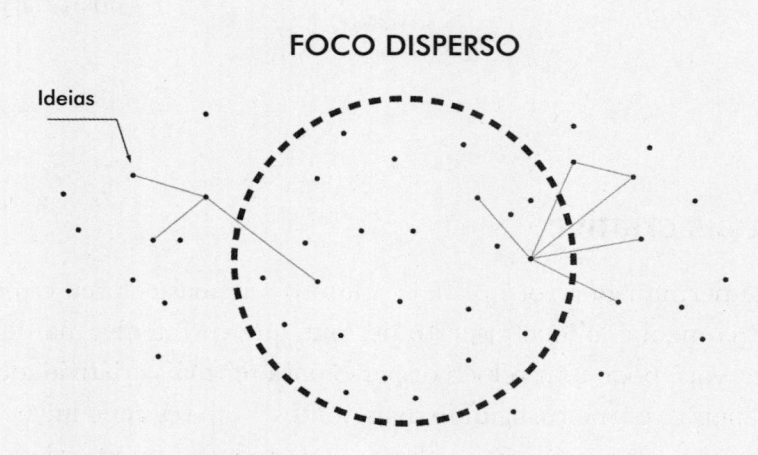

A palavra que melhor descreve a aparência do cérebro quando você
entra no modo foco disperso é "aleatória". O foco disperso ilumina a
rede padrão do seu cérebro – rede à qual ele retorna quando você não
está focando em nada.[32] Essa rede é amplamente distribuída em todo
o cérebro, como as informações que já codificamos na memória. Uma
das muitas razões por que o foco disperso leva a tantas ideias criativas é

_____
32. Ironicamente, a rede padrão – que oferece suporte ao foco disperso – foi desco-
berta por acaso. No início, ela foi ignorada. Então, foi dispensada como sendo
um erro experimental – mero ruído de fundo nas máquinas de escaneamento do
cérebro. Por fim, os cientistas descobriram o erro de percurso e, desde então, tem
surgido como um tema importante de estudo no campo da neurociência.

que, quando estamos nele, começamos naturalmente a ligar os pontos espalhados. Quando lançamos uma rede metafórica em nossa mente, pescando conexões novas, conectamos ideias enquanto descansamos e planejamos o futuro.

Nem sempre estamos cientes das ideias que giram em nosso espaço atencional enquanto passeamos entre nossos pensamentos – como um iceberg que reside principalmente embaixo d'água, grande parte desse processo ocorre nas profundezas de nossa consciência. Como só podemos colocar o foco em uma pequena quantidade de informação por vez, apenas poucas das conexões ativas em nossa mente podem invadir nosso espaço atencional. No entanto, essas ligações aleatórias *capturam* nossa atenção quando são suficientemente ativadas. É nesse momento que percebemos que devemos contratar Cheryl em vez de Jim, que mapeamos as intenções que devem ser definidas mais tarde ou que chegamos a um súbito "eureca".

Gatilhos de insights

Tarefas e projetos não concluídos pesam mais em nossa mente do que aqueles que já encerramos – o foco vem quando fechamos esses circuitos abertos distrativos. Somos projetados para lembrar mais as coisas nas quais estamos trabalhando no momento do que aquilo que concluímos. Nos círculos de psicologia, esse fenômeno é chamado de efeito Zeigarnik, em homenagem a Bluma Zeigarnik, a primeira pessoa a estudar esse conceito. O efeito Zeigarnik pode ser irritante quando estamos tentando nos concentrar, mas o oposto se mostra verdadeiro quando queremos dispesar nossa atenção. Na verdade, ele conduz a insights surpreendentes relativos aos problemas que estamos incubando.

É possível que você já tenha tido alguns momentos "eureca". Talvez tenham ocorrido enquanto você estava preparando o café da manhã, pegando a correspondência ou visitando uma galeria de arte. Seu cérebro súbita e inesperadamente encontrou a solução para um problema sobre o qual você não tinha pensado durante algumas horas. Em um instante, as peças do quebra-cabeça se juntaram a contento e se encaixaram.

Provavelmente aconteceram duas coisas naquele momento: em primeiro lugar, naquele instante, seu insight foi uma reação a um problema no qual você havia emperrado. Segundo, é provável que sua mente estivesse divagando enquanto você fazia algo que não exigia sua atenção total.

Graças ao efeito Zeigarnik, armazenamos à frente de nossa mente todos os problemas que atualmente nos perturbam. Qualquer problema em aberto – um relatório inacabado, uma decisão no meio da qual estamos ou um e-mail importante a que estamos respondendo – é um circuito aberto que nosso cérebro fica desesperado para fechar. Como consequência, ligamos cada nova experiência a esses problemas não resolvidos, para descobrir novas soluções. O foco disperso habitual traz essas conexões para dentro de nosso espaço atencional.

Quando estamos no modo foco disperso habitual, gatilhos de insight em potencial vêm de dois lugares: de nossa mente divagando e do ambiente externo. É melhor ilustrar com um exemplo.

Digamos que eu convide você para meu covil secreto de experimentos sobre produtividade. Ofereço uma cadeira, marco 30 minutos no timer e peço que você resolva este problema aparentemente simples: o número 5.298.467.310 é talvez o número de dez dígitos mais singular do mundo. O que o torna diferente de qualquer outro? Vamos imaginar que você não consiga resolver o problema no tempo designado – não sem razão, considerando que esse problema é especialmente complexo. Você sai frustrado, e a questão continua a pesar em sua mente: *o que há de tão incomum em 5.298.467.310?*

Você está diante de um impasse e já codificou o problema na memória. Começa a ver os dígitos sempre que fecha os olhos. (É óbvio que, quanto mais você se lembrar de um problema complexo, maiores as chances de chegar a uma solução criativa.) Esse desafio provavelmente nunca causaria de fato um alto nível de tormento. Mas, em nome desse exemplo, vamos dizer que causa.

Graças ao efeito Zeigarnik, sua mente vai ligar automaticamente suas novas experiências a esse problema, mesmo que você não perceba. Você vai voltar ao trabalho com uma sensação de frustração e o número gravado no cérebro. Vai flagrar sua mente voltando a ele de tempos em tempos, às vezes até mesmo contra sua vontade. Na verdade, é provável que sua mente divague *mais* vezes que o habitual – nossos pensamentos pairam com mais frequência quando estamos resolvendo um problema complexo, o que fará com que você cometa um número maior de erros do que o normal no trabalho.

Mais tarde no mesmo dia, você vai trabalhar em uma atividade que leva você ao modo foco disperso habitual: organizar sua estante em ordem alfabética. Você está separando cinco livros, entre eles *As 5 linguagens do amor*, de Gary Chapman. Enquanto faz isso, sua mente processa onde os livros serão encaixados.

Tudo bem, vamos ignorar os artigos.

Esse livro começa com "5", então vou colocá-lo com outros livros cujos títulos se iniciam com números.

Hum, o primeiro número no experimento de Chris também era cinco.

Como um relâmpago, a solução aparece. Você sente dezenas de peças de quebra-cabeça se juntando e se encaixando dentro da mente.

5.298.467.310.

Cinco, dois, quatro, três...

A, B, Cinco, Dois, E, F, G, H, I, J, K, L, M, N, O, P, Quatro, R, S...

Cada dígito no número do experimento está organizado em ordem alfabética!

No que tange a gatilhos de insight, esse é um bem direto – costumam ser mais sutis, cutucando sua mente para que ela pense em um sentido diferente e reestruturando pontos mentais que representam um problema. Projetei esse exemplo para ilustrar um conceito simples: o foco disperso habitual permite que nossa mente ligue os problemas que enfrentamos com aquilo que vivenciamos, bem como com o lugar para onde nossa mente vai divagar.

O insight é um assunto bastante difícil de estudar. Para fazê-lo, é necessário levar as pessoas a um impasse sobre um problema e manter interesse suficiente nele para fazê-las querer resolvê-lo mais tarde. Felizmente, não são necessários resultados de investigação para corroborar essas descobertas – é provável que você já tenha dados suficientes à disposição na forma de experiências passadas próprias.

Não me canso de enfatizar como gatilhos de insight são notáveis. Você pode ver um pássaro bicando um pacote de salgadinho e ser levado a perceber que você deve se livrar dos salgadinhos que guarda na cozinha para conseguir perder aqueles quilinhos a mais. Ao sonhar acordado intencionalmente durante o banho matinal, você recorda como resolveu uma antiga disputa de trabalho e percebe que pode usar a mesma técnica hoje. Ao passear por uma livraria, você vê um livro de receitas, que o faz lembrar que você estava planejando substituir o conjunto de utensílios de cozinha – e que há uma loja na esquina que os vende. Quanto mais rico nosso ambiente e mais ricas nossas experiências, mais ideias somos capazes de desenterrar.

Veja alguns dos maiores momentos de "eureca" na história. Além de terem chegado a um impasse com seus problemas, os famosos pensadores chegaram a soluções depois de terem sido estimulados por uma pista. Arquimedes descobriu como calcular o volume de um objeto irregular quando notou sua banheira transbordando. Newton chegou à sua teoria da gravidade quando viu uma maçã cair de uma árvore – provavelmente o gatilho de insight mais conhecido da história. Em sua rotina de foco disperso habitual, o renomado físico e ganhador do Prêmio Nobel Richard Feynman bebericava um refrigerante 7UP em um bar de topless, onde conseguia "'assistir ao entretenimento' e, se a inspiração chegasse, rabiscar equações em guardanapos de coquetel".

Ligue ainda mais pontos

Basta entrar no foco disperso habitual para que você sinta os benefícios notáveis que comentei até agora. Mas, se quiser melhorar ainda mais, aqui vão seis maneiras de fazê-lo.

1. Disperse sua atenção em um ambiente mais rico

Estar com atenção plena e controlar seu ambiente são as decisões mais produtivas que você pode tomar. Além de criar um ambiente propício para o foco (utilizando as medidas discutidas na primeira parte deste livro), você também pode ajudar a fazer o foco disperso emergir por meio de insights, deliberadamente se expondo a novas deixas.

Mergulhar em um ambiente que contenha possíveis gatilhos de insight é uma prática poderosa. Um ambiente rico é aquele em que você constantemente encontra pessoas, ideias e visões novas. Atividades de pausa, como caminhar por uma livraria ou observar as pessoas em uma lanchonete, são muito mais valiosas que aquelas que não carregam nenhuma deixa nova em potencial. Adote uma mistura dessas atividades – algumas que deem à mente o espaço para divagar e ligar os pontos e outras que exponham sua mente a novas ideias que você possa ligar mais tarde.

> **Você também pode usar deixas para *capturar* tudo o que precisa fazer.** Caminhe ao redor de sua casa com um bloco de notas e faça uma lista das tarefas que precisam ser concluídas. Essa lista representa suas deixas externas. Você conseguirá capturar o mesmo tanto – se não mais – de informações valiosas se fizer o mesmo no escritório ou ao navegar pelas pastas do seu computador. Embora possa parecer demasiado em um primeiro momento, você será capaz de organizar e priorizar melhor tudo o que ▶

> ▶ precisa fazer. Se quer aprofundar seus relacio-
> namentos com os amigos, percorra a lista de con-
> tatos no celular e anote com quem você não tem
> falado. Se deseja desenvolver relações profissio-
> nais mais profundas, percorra sua lista de conta-
> tos no LinkedIn. Expor-se deliberadamente a novas
> deixas pode ajudar nesse contexto e em outros.

2. Escreva os problemas que você está tentando resolver

Cheguei a um grande impasse quando me aprofundei nas 25 mil palavras relativas às anotações de pesquisa coletadas para *Hiperfoco*: como eu poderia reorganizar esses rabiscos digitais e transformá-los em algo que se assemelhasse a um livro? Meu esboço era essencialmente uma descrição de problema com 25 mil palavras. Eu as imprimia e revisava com regularidade – observando no topo das páginas meus maiores desafios: como fazer um livro prático, estruturar o manuscrito e apresentar a pesquisa de modo que fosse interessante.

Revisar regularmente esses problemas e o próprio documento manteve o projeto fresco em minha mente. Entrar no modo foco disperso habitual (inclusive em uma tarde na qual examinei os sumários de cerca de uma centena de livros para ver como estavam estruturados) me cercou com possíveis sugestões de solução – eu estava dispersando minha atenção em um ambiente mais rico. Por fim, as respostas vieram.

Escrever os problemas detalhados que esteja enfrentando no trabalho e em casa ajuda sua mente a continuar a processá-los em segundo plano. Quando registra as tarefas, os projetos e outros compromissos a cumprir, você consegue parar de pensar neles e se concentra em outros trabalhos. O oposto é verdadeiro quando se trata de problemas nos quais você esteja no meio da resolução: registrá-los no papel ajuda a esclarecê-los melhor, processá-los e fazer você se lembrar deles.

Essa mesma técnica funciona para projetos grandes – fazer um esboço de como você vai escrever sua tese, reformar sua cozinha ou montar sua nova equipe ajuda você a processar essas ideias em segundo plano para poder continuar a coletar e ligar novos pontos relacionados ao projeto.

Outra ideia poderosa para problemas menores que você está tentando resolver: além de definir três intenções para o dia seguinte ao final do expediente, observe os maiores problemas com que está lidando *no momento*. Você vai ver quantos deles já terá resolvido na manhã seguinte.

3. Durma com o problema

Como já mencionei, sonhar é como o foco disperso turbinado: enquanto você está dormindo, sua mente continua a ligar pontos.

Há inúmeros exemplos de insights do tipo eureca que atingiram pessoas enquanto sonhavam. Para aproveitar o poder do sono, Thomas Edison gostava de ir para a cama segurando um punhado de bolinhas de gude, e Salvador Dalí cochilava com um molho de chaves na mão, balançando sobre uma placa de metal. Os dois ficavam segurando os itens durante as fases de sono mais leve, mas os soltavam assim que atingiam um estágio mais profundo, o que os acordava. Isso permitia que eles capturassem qualquer insight que estivesse na mente deles naquele momento. Edison abordou isso de forma memorável, quando supostamente sugeriu que "nunca [se deve] ir dormir sem uma requisição ao seu subconsciente".

Conexões profundas e sem formato vêm com força especial quando você sonha durante a fase REM do sono. Um estudo cujos participantes incubavam um problema descobriu que, durante o sono REM, os participantes "demonstraram integração aprimorada de informações não associadas", o que os ajudou a encontrar uma solução.

Dormir também ajuda você a se lembrar de mais coisas – consolida os pontos que você acumulou ao longo do dia na memória de longo prazo e permite que você intencionalmente esqueça os pontos menos importantes e irrelevantes que encontrou. Você absorve uma grande quantidade de "ruídos" ao longo do dia, e o sono dá ao seu cérebro a chance de descartar pontos que não tenham uma conexão valiosa com outros em sua mente.

Para investir em uma boa noite de sono e utilizar essa ferramenta de maneira vantajosa, reveja os problemas que está enfrentando, bem como as informações que está tentando codificar na memória, antes de ir para a cama. Sua mente vai continuar a processar essas coisas enquanto você descansa.

4. Um passo para trás

Se você seguiu as táticas da primeira metade do livro – e sobretudo se começou a meditar –, é possível que o tamanho de seu espaço atencional tenha se expandido. Quando isso acontece, torna-se cada vez mais importante que você entre no modo foco disperso para *intencionalmente* dispersar sua atenção.

Pesquisas sugerem que quanto maior for seu espaço atencional, maiores as chances de você continuar dando murro em ponta de faca em tarefas complexas nas quais tenha emperrado. É aí que o foco disperso derrota o hiperfoco – o foco disperso é muito melhor para reunir soluções para problemas complexos, não lineares. Quanto mais você for capaz de focar, menos propensão a mente terá para divagar e mais importante será você propositalmente *desfocar*.

Vale a pena ir devagar na resolução de problemas relativos a tarefas criativas. Atrasar propositalmente decisões criativas enquanto não enfrenta um prazo iminente permite que você continue a fazer mais conexões valiosas. Por exemplo, quanto mais esperar antes de enviar uma resposta importante por e-mail, melhor e mais articulada sua resposta provavelmente será. O mesmo vale para tarefas como decidir entre possíveis contratações, fazer brainstorming de um novo projeto para o logotipo de sua empresa ou esboçar um curso que você esteja montando.

5. Deixe tarefas inacabadas de propósito

Quanto mais repentinamente você parar de trabalhar em uma tarefa criativa, mais vai pensar nela quando alternar para outra. Deixe algum resíduo em seu espaço atencional para sua mente continuar o processamento da tarefa inicial. Por exemplo, tente parar de trabalhar em um relatório complicado no meio de uma frase.

Deixar tarefas parcialmente concluídas ajuda a mantê-las em primeiro plano na mente enquanto você encontra deixas de soluções internas e externas.

6. Consuma pontos mais valiosos

Somos o que consumimos. O foco disperso mais profundo pode ser mais vantajoso quando você pondera sobre as informações que absorve. Consumir novos pontos expõe uma grande quantidade de novas informações e gatilhos que você pode usar para resolver problemas complexos.

Dedico o próximo capítulo a explorar essa ideia. Esses pontos têm um efeito enorme sobre aquilo em que colocamos nosso foco, podem criar ou interromper nossa criatividade e produtividade e são as lentes pelas quais vemos o mundo.

Capítulo 9

COLETE OS PONTOS

Agrupamento

Problemas não resolvidos não são as únicas coisas que ficam à frente em nossa mente. Todos os outros pontos que você acumulou importam tanto quanto eles, se não mais. Saber disso é o que nos ajuda a nos tornar mais criativos no foco disperso: quanto mais valiosos os pontos que coletamos, mais precisamos fazer ligações.

Na prática, os pontos que consumimos e ligamos são importantes porque nosso foco é sempre filtrado por aquilo que já conhecemos. Olhando para o oceano, um biólogo talvez pense em todas as criaturas que espreitam sob a sua superfície, um artista talvez considere as cores que usaria para pintá-lo, um marinheiro talvez reflita sobre a condição do vento e das ondas, enquanto um escritor talvez pense sobre as palavras que usaria para descrevê-lo.

As pessoas se tornam especialistas em assuntos específicos ao acumular pontos suficientes e relacioná-los sob a forma de experiências, conhecimentos e melhores práticas. Nosso cérebro é naturalmente programado para agrupar pontos relacionados. Para dar um exemplo simples, lembre-se de quando aprendeu a escrever. É provável que você tenha começado aprendendo as letras do alfabeto – como são formadas, qual é o som delas e assim por diante. Estes foram alguns dos primeiros pontos que você acumulou sobre o tema:

c, s, x, e, l...

Nesse momento, seu cérebro começou a ligar esses pontos, agrupando-os em ordem alfabética, distinguindo consoantes de vogais e aprendendo a pronunciar sílabas diferentes:

ca, se, xi, le...

Em seguida, você começou a agrupar esses pontos a fim de formar novas palavras. Para processar as novas ideias com mais profundidade, provavelmente você os ligou a várias imagens, assim como a objetos no mundo ao seu redor:

cachorro, sete, xícara, levou...

Após esse ponto, você começou a agrupar palavras e conceitos em frases, orações e parágrafos:

O cão sentou-se no copo quebrado e levou sete pontos.

Enquanto você lê este livro, seu conhecimento de frases, orações e parágrafos está tão incorporado em sua mente que o ato de ler se tornou implícito: você não precisa mais pensar nele.

A leitura é um exemplo convincente do poder de coletar e ligar pontos. Ao aprender algo novo, você transfere pontos do ambiente externo à sua memória para poder ligá-los e utilizá-los mais tarde. Desde que você nasceu até dia em que morrer, seu cérebro sempre estará envolvido nesse processo.

Enquanto agrupamos cada vez mais pontos sobre determinado tema, naturalmente desenvolvemos competências que, por sua vez, nos ajudam a gerir melhor nosso espaço atencional. É curioso que, quanto mais sabemos sobre um assunto, menos espaço atencional essas informações consomem. Lembre que nosso espaço atencional pode conter cerca de quatro blocos de informação de uma vez. Quanto mais pontos somos capazes de agrupar, mais eficiência teremos em utilizar esse espaço, pois podemos acomodar e processar muito mais informações quando eles estão interligados. Podemos ler com mais eficácia por meio do processamento de palavras e frases do que pelo processamento de letras individuais. Uma pianista especializada pode processar todos os elementos de uma peça musical – a melodia, a harmonia, o ritmo etc. – melhor do que alguém que está tocando há apenas algumas semanas, o que significa que pode tornar o uso de seu espaço atencional mais eficiente e, talvez, até mesmo sonhar acordada enquanto ela toca.

Fazemos o mesmo ao coletar mais pontos relacionados a nosso trabalho e ao investir na construção de conhecimentos e habilidades pertinentes. Isso nos permite tornar mais eficiente o uso de nosso espaço atencional se estivermos usando essas informações para hiperfocar em uma tarefa ou montar novas ideias no modo foco disperso. Podemos trabalhar com mais conhecimento e criatividade, porque já fizemos a triagem para agrupar essas informações.[33]

Trabalhar com mais informações à nossa disposição também nos ajuda a tomar decisões mais intuitivas, pois somos capazes de invocar subconscientemente conhecimentos preexistentes em nossa memória. Essas informações nos levam a reagir de forma adequada em uma situação, mesmo que não estejamos conscientes do que estamos fazendo. Por exemplo, durante uma conversa, podemos intuir que uma pessoa de nossa equipe está chateada e que está deixando de dizer algo. Sabemos disso porque vivenciamos a mesma situação no passado e, em algum nível, nos lembramos dos sinais que indicaram que ela estava incomodada. É assim que funciona a intuição: é o processo de agir

---

33. Se você já se sentiu uma fraude em sua área ou teve síndrome de impostor, isso não acontece apenas com você. Da próxima vez que se sentir assim, basta considerar quantos pontos você acumulou e ligou sobre determinado tópico em relação a todas as outras pessoas. É possível que você compreenda as nuances e a complexidade do tema tanto quanto a pessoa com quem está se comparando.

segundo as informações de que nos lembramos, mas que não recuperamos conscientemente.

Somos aquilo em que prestamos atenção, e quase nada influencia mais nossa produtividade e nossa criatividade do que as informações que consumimos no passado. Acumular muitos pontos valiosos nos ajuda de inúmeras maneiras. Nós nos tornamos capazes de ligar nossos desafios às lições que aprendemos. Nossos episódios de foco disperso ficam mais produtivos quando ligamos ideias valiosas, especialmente à medida que ficamos mais sensíveis a novos gatilhos de insight, nos expondo a novos pontos. E nossos episódios de hiperfoco se tornam mais produtivos, pois somos capazes de fazer um uso mais eficiente de nosso espaço atencional, evitar erros, ver oportunidades para atalhos, tomar decisões de alto nível melhores e abordar nosso trabalho com mais conhecimento disponível.[34]

O valor de um ponto

Assim como há limites em relação a quão bem somos capazes de focar, o mesmo pode ser dito a respeito da quantidade de informações que conseguimos coletar. Enquanto nosso cérebro tem um espaço de armazenamento quase ilimitado, nossa atenção é muito mais restrita. Reter informações no cérebro é semelhante a encher uma piscina olímpica com uma mangueira de jardim. Embora sejamos capazes de armazenar uma quantidade enorme, só conseguimos preenchê-la aos poucos.

Por isso é tão importante consumir pontos de forma deliberada.

---

34. Por esse prisma, a inteligência e a criatividade são conceitos muito semelhantes. Ambas envolvem ligar pontos, mas de maneiras diferentes. A inteligência envolve ligar pontos para compreender determinado tema de forma mais intricada. A criatividade também envolve ligar pontos, mas de forma inovadora. Visto dessa forma, a inteligência e a criatividade não são coisas com as quais nascemos – são algo que conquistamos enquanto coletamos e ligamos pontos suficientes sobre determinado tema.

Não existem duas informações criadas da mesma forma. Consumir um livro ou entabular uma conversa envolvente com alguém mais esperto que você vai permitir que você colete mais pontos valiosos do que fazer algo como ver TV ou ler uma revista de fofocas. Não estou dizendo que consumir cultura popular não seja divertido – a vida não teria graça sem uma maratona de Netflix de vez em quando. E você provavelmente se entediaria um pouco mais se passasse cada minuto lendo livros densos e publicações acadêmicas.

Ao mesmo tempo, vale a pena a conferir e aumentar regularmente a qualidade dos pontos que você consome. As pessoas mais criativas e produtivas defendem seu espaço atencional de forma religiosa, permitindo que apenas os pontos mais valiosos sejam codificados.

Então, como medir o valor de um ponto?

Primeiro, os pontos mais valiosos são simultaneamente úteis e divertidos – como uma palestra do TED. Pontos úteis se mantêm relevantes por um longo período e também são práticos. Seu valor de entretenimento faz você se engajar mais enquanto os consome. Embora seja bastante fácil dizer se algo é divertido, existem várias maneiras de se medir quanto esse algo é útil.

Informações úteis em geral são implementáveis e ajudam você a alcançar seus objetivos. Por exemplo, ouvir comentaristas discutindo questões políticas na TV provavelmente não será implementável *nem* útil a seus objetivos pessoais. Isso também suga tempo que você poderia gastar consumindo pontos mais importantes.

A leitura de um livro de ciência ou de uma biografia sobre uma figura histórica é muito mais valiosa. Obras como essas podem inspirar você com uma nova perspectiva, são (relativamente) práticas, não são especulativas e podem ajudá-lo a alcançar metas pessoais a curto e a longo prazo. As informações que contêm também possuem uma vida útil mais longa.

Além de serem implementáveis e benéficos, os pontos úteis ou estão relacionados com o que você consumiu no passado ou *nada têm a ver* com aquilo que você já sabe.

Consumir informações adjacentes àquilo que você absorveu antes permite desenvolver uma constelação de pontos em torno de uma única ideia. Se você lida com engenharia de software, fazer um curso para aprender uma nova linguagem de programação ou ler um livro sobre gestão de engenheiros é, obviamente, um uso produtivo de seu tempo, sua atenção e sua energia. Absorver qualquer informação que apoie suas habilidades existentes é um bom uso do tempo. Quanto mais expandida for sua constelação de pontos, mais valiosas as ligações que você será capaz de fazer. Seu cérebro até libera mais dopamina, um prazer químico, quando você consome informações que corroboram o que você sabe.

Ao mesmo tempo, também é imensamente valioso consumir pontos que *não sejam relacionados* ao que você sabe. Absorver novos dados cria a oportunidade de questionar se você está consumindo somente informações que confirmam suas crenças existentes, e isso pode lhe oferecer um gatilho para um insight. De novo, seu cérebro é atraído por novas informações e projetado para se lembrar delas.

Se estiver em dúvida sobre consumir algo, faça a seguinte pergunta: de que forma você acha que a vida vai ser diferente se souber dessa informação? As táticas neste livro são todas destinadas a ajudá-lo a administrar sua atenção de modo deliberado. O mesmo princípio se aplica aqui: quando sua criatividade é efetivamente a soma dos pontos que você liga, consumir informações no piloto automático é uma das atividades menos úteis a qual podemos nos dedicar.

Colete mais pontos valiosos

Em geral, o que é útil nem sempre é divertido.

Há exceções, é claro – você pode, por exemplo, encontrar alguns livros sérios mais divertidos que *reality shows* da TV –, mas grande parte do que você consome segue essa tendência.

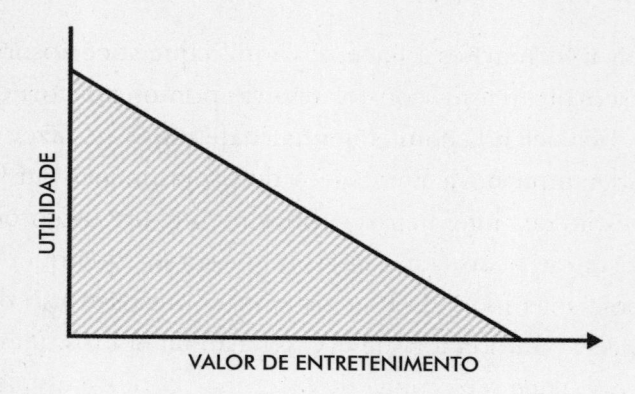

Podemos separar ainda mais as coisas mais úteis que consumimos das menos úteis:

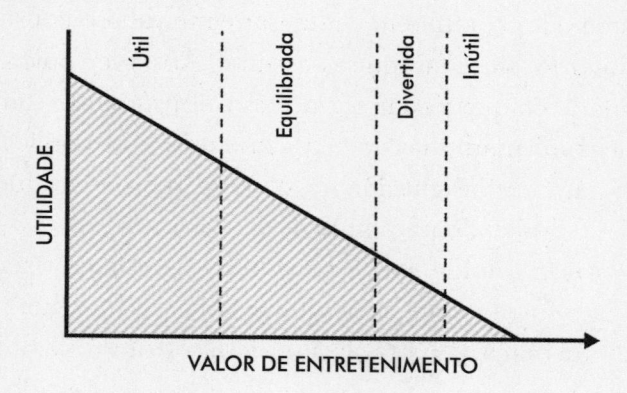

Do lado esquerdo do gráfico estão os pontos mais **úteis** que consumimos. Essas informações são implementáveis, precisas, nos ajudam a alcançar nossos objetivos e continuam a ser relevantes por um longo período. Podem estar relacionadas ao que já sabemos – permitindo que liguemos e agrupemos pontos mais valiosos – ou não relacionadas ao que sabemos – levando a mais conexões casuais. Para mim, coisas como livros de não ficção, cursos on-line, artigos sobre produtividade estão nessa categoria.

A informação útil normalmente é a mais densa das três categorias. Os livros são um bom exemplo: enquanto muitas vezes levamos menos de dez horas para ler um livro, o escritor pode ter levado *décadas* para escrevê-lo, e a obra pode conter lições *de uma vida inteira*. Livros dão acesso a pensamento da mais alta qualidade e aos pontos mais úteis sobre praticamente qualquer assunto.

Ter uma quantidade ilimitada de energia para consumir informações úteis ao longo do dia seria o ideal, mas isso obviamente não é possível, mesmo se reabastecêssemos com frequência nosso estoque de energia mental. Por mais poderoso que nosso cérebro seja como uma máquina de ligar pontos, consumir exclusivamente material não divertido pode rapidamente se transformar em uma obrigação. Por isso é importante também buscar pontos **equilibrados** – informações que sejam úteis *e* divertidas. Inúmeras coisas se encaixam nessa categoria, inclusive romances, podcasts, documentários e palestras do TED. O valor de entretenimento dessas informações facilita que fiquemos absortos e, como resultado, ficamos mais propensos a continuar a consumir e a nos envolver ativamente com as informações fornecidas.

Finalmente, há o terceiro item que consumimos: informações **divertidas** ou, na pior das hipóteses, **inúteis**. Embora, como *junk food*, possa ser divertido consumi-las no momento, essas informações são menos densas, não são práticas e não vão ajudar você a viver sua vida ou alcançar seus objetivos. Essa categoria inclui os programas de TV a que assistimos compulsivamente, os livros bobos que lemos e a maioria das redes sociais. Costumamos consumir esse material no piloto automático, de modo passivo. Embora alguns deles sejam genuinamente divertidos – os 50% superiores, mais ou menos –, a metade inferior é informação-lixo e em geral é uma combinação de novidade, prazer e ameaça – características que facilitam o desejo.

Como regra, deveríamos:

- consumir mais informações **úteis**, especialmente quando temos energia para processar algo mais denso;
- consumir informações **equilibradas** quando temos menos energia;

- consumir informações **divertidas** com intenção ou quando estamos com pouca energia e precisamos nos recarregar; e
- consumir menos informações **inúteis**.

Há dois passos para aumentar a qualidade das informações que você coleta:

1. Fazer um balanço de tudo o que você consome.
2. Consumir intencionalmente informações mais valiosas.

O objetivo de consumir pontos mais valiosos não é transformar você em um autômato que consome apenas informações de valor em seu tempo livre. Onde está a diversão aí? A questão aqui é permitir que você recue um passo em relação às informações que consome para poder determinar com mais intencionalidade o que absorver. É impossível ser mais produtivo ou criativo sem antes refletir sobre seu trabalho e sua vida – e é isso que torna tão poderosas táticas como definir suas tarefas mais produtivas, estabelecer intenções e deixar sua mente divagar. Definir seus pontos mais valiosos é apenas mais uma dessas táticas.

Para começar sua verificação, atribua tudo o que você consome a uma das quatro categorias de informação: útil, equilibrada, divertida e inútil. Inclua nessa lista aplicativos que acessa automaticamente, sites que visita com regularidade, livros que lê em seu tempo livre, programas e filmes que vê na TV e na Netflix e qualquer outra informação relevante que absorva. Pode ser útil carregar um bloco de notas por alguns dias para listar tudo o que consome (e, se quiser, por quanto tempo consome). Faça isso em casa e no trabalho. Se consumir uma grande quantidade de livros, cursos e outras informações para o trabalho, pode ser útil fazer duas listas: uma para as coisas que você consome profissionalmente e outra para o que consome para benefício pessoal ou por prazer.

É provável que você note imediatamente algumas coisas que queira mudar – a quantidade de tempo que gasta em aplicativos de rede social, em sites de notícias ou assistindo à TV. Também pode encontrar padrões que vão surpreender você. Por exemplo, o americano médio consome 34 horas de televisão por semana. Se você é um deles, isso é um monte de tempo que poderia ser gasto em atividades mais úteis. Também pode notar o que está faltando – como o fato de você não ler nenhuma ficção, embora sempre tenha gostado, ou fazer um bom tempo desde que você se propôs a aprender um novo hobby.

Depois que tiver feito esse levantamento, veja as dez ideias de como poderá mudar seus hábitos com a intenção de consumir mais informações valiosas. Comece experimentando duas ou três que tenham um apelo particularmente forte para você.

1. Consuma coisas de que você goste, sobretudo quando poucas pessoas gostam delas

Ao listar as informações que consome, talvez você tenha descoberto que gosta de consumir coisas que outras pessoas tendem a subestimar ou evitar.

Talvez você ame fazer cursos de programação em seu tempo de livre – uma atividade que pode parecer uma obrigação para a maioria das pessoas. Ou ame ouvir audiolivros sobre produtividade (eu confesso que amo).

Aumente o desenvolvimento de habilidades e conhecimentos que *você* acha interessante. Também opte pelo *meio* que preferir – se você aprende melhor ouvindo, tente consumir audiolivros em vez de livros físicos; se prefere audiovisual, tente assistir a palestras do TED em vez de escutar um audiolivro.

2. Elimine o lixo

Consumir lixo inútil passivamente não acrescenta nada à sua vida. Escolha dois itens que não lhe trazem prazer genuíno e elimine-os por completo. Busque material que, embora seja estimulante no momento, não satisfaz você depois. Seja implacável na defesa de sua atenção. Cada vez que você para de consumir lixo, abre espaço para que algo de útil acrescente valor à sua vida.

3. Escolha algumas coisas valiosas para acrescentar

Que livros você pode ler, que cursos pode fazer ou que conversas pode ter que venham a ser úteis no futuro? Você pode consumir mais informações complexas sobre determinado tópico para aumentar sua experiência? O que deseja melhorar em si mesmo ou sobre o que você anseia saber mais no trabalho ou em casa?

Adicione algo valioso para cada coisa inútil que eliminar. Vá até o limite: as informações mais valiosas que você pode consumir são o material que desafia você e em geral requer sua total atenção.

4. Observe o que você consome no piloto automático

Preste atenção especial ao que você persegue quando está com pouca energia ou durante a transição de uma tarefa para outra. Muitas vezes esses objetos de atenção são apenas convenientes e não adicionam muito valor à sua vida.

Quando um amigo com quem está jantando se levanta da mesa por alguns minutos, quais aplicativos você abre no celular sem pensar? Você pega o celular assim que acorda? Que sites você visita quando navega pela internet no piloto automático?

5. Relaxe... intencionalmente

Sua produtividade será perfeita sempre que realizar o que pretende, o que será verdadeiro se o seu objetivo for ler um capítulo de um livro de estudos ou assistir a quatro episódios de *Guerra dos Tronos*.

Se você for relaxar, relaxe com intenção – defina os critérios para o que planeja fazer, tais como o número de episódios aos quais vai assistir, o que vai comer enquanto assiste, o que vai fazer depois e assim por diante. Isso não só permite que você aja com intenção, mas também faz você sentir menos culpa para que possa *se divertir* de verdade.

6. Reavalie o que está consumindo enquanto estiver consumindo

Além de ter mais seletividade quanto àquilo que consome, você precisa reavaliar o conteúdo à medida que você o consome – pulando ou filtrando qualquer coisa com que não valha a pena gastar tempo. O efeito Zeigarnik faz com que queiramos terminar o que começamos, mas cada minuto que gastamos em algo inútil é um minuto que perdemos para trabalhar em algo útil.

Depois que começar um livro, filme ou série de TV, avalie ao longo do caminho se deve ir até ao fim.

7. Faça as coisas disputarem sua atenção

Veja as descrições de podcasts, de programas de TV, de filmes e de livros como uma oferta para ganhar seu tempo e sua atenção. Você não precisa escutar cada podcast que baixa, cada show que grava ou cada livro que um amigo recomenda. Decidir se algo merece sua atenção é um passo extra, mas é uma decisão que vai economizar horas que você poderá dedicar a algo melhor.

8. No momento, afaste o foco

Tente afastar o foco e se dar um tempo maior caso esteja tendo dificuldade para decidir o que consumir no momento.

Se você usa redes sociais, talvez tenha familiaridade com os vídeos estranhamente satisfatórios que mostram uma refeição inteira sendo feita em meio minuto. O espinafre é reduzido a um quinto do tamanho em um segundo, e pequenos pedaços de frango cozinham em dois segundos. Você pode afastar o foco do material que está pensando em consumir de forma semelhante. Vamos dizer que você tenha uma hora para gastar como quiser. Dê esse passo para trás e observe a vida de longe. Como gostaria de se ver ocupando esse tempo se ele fosse acelerado até virar um vídeo de 30 segundos?

Você gostaria de se ver esparramado no sofá assistindo a *Sherlock* na Netflix ou mexendo mecanicamente no tablet? Ou preferiria assistir a um vídeo de si mesmo mergulhado em uma centena de páginas de um livro? Afaste o foco para observar os impactos de suas ações que vão levar você a consumir mais informações valiosas.

9. Invista no acaso

Consuma coisas desafiadoras fora dos limites de sua especialidade, aquelas que nos forçam a fazer mais ligações diferentes. Quanto mais distantes os pontos a conectar, mais valiosas as conexões acabam sendo em geral.

Configure sua página inicial do navegador para abrir com o *bookmark* "artigo aleatório" da Wikipédia. Vasculhe a seção AMA (*Ask Me Anything* – Pergunte Qualquer Coisa) do Reddit, na qual especialistas de renome mundial respondem a perguntas de pessoas comuns. Vá ver uma banda de que nunca ouviu falar. Leia um livro sobre um tema a respeito do qual você não sabe nada. Faça aulas de um assunto sobre o qual sempre teve curiosidade – como fazer colchas de retalhos, dançar ou falar em público. Pegue a biografia de uma figura histórica cujo nome você conhece, mas cuja história de vida seja desconhecida. Eu me inscrevi para um curso on-line sobre programar aplicativos de iPhone alguns meses atrás. Hoje é uma das coisas favoritas que faço no meu tempo livre.

10. Concentre-se mais no que é valioso

Existem alguns tópicos sobre os quais você sabe mais e algumas coisas em que é melhor do que quase qualquer um no mundo. Quanto mais pontos você coletar em torno desses tópicos ou habilidades específicos, mais vai se especializar.

Para cada coisa inútil que eliminar, considere focar mais em algo que você já domina ou em um assunto que você conheça muito. Se for professor, por exemplo, em vez de abrir a Netflix no piloto automático depois do trabalho, pense em fazer um curso para investir em novas competências profissionais. Quando se concentrar naquilo que já conhece bem, você vai se surpreender com o aumento de sua produtividade e criatividade.

Parece mágica

Enquanto continuamos a reunir uma constelação de pontos em torno de determinado tema, as ideias começam a se desenvolver. Por fim, as ideias viram mágica.

Adoro esta citação do escritor de ficção científica britânico Arthur C. Clarke: "Não é possível distinguir entre a magia e qualquer tecnologia suficientemente avançada". Eu iria ainda além, e diria que qualquer decisão ou *ideia* suficientemente complexa também é indistinguível da magia. Sempre que não entendemos a complexa rede de pontos que contribuem para algum resultado, atribuímos isso à magia ou à genialidade.

Desde que me entendo por gente sou obcecado por truques de mágica, mas acho que compreender o complexo funcionamento por trás de uma ilusão é muito mais gratificante do que ver o truque em si. Ilusões param de ser magia assim que se descobre como são feitas, mas aprender como são feitas parece um momento de "eureca" em si mesmo, como um conjunto de peças de quebra-cabeça misturadas que se encaixam.

Como um mágico, os métodos de um gênio são misteriosos – até que se desembaraça a teia de conexões que leva a eles. Esses indivíduos em geral têm mais experiência, investiram mais horas de prática deliberada e, mais importante, ligaram mais pontos do que qualquer outra pessoa. Como o autor Malcolm Gladwell escreveu: "A prática não é aquilo que a pessoa faz quando é boa. É aquilo que a pessoa faz que a torna boa".

Albert Einstein foi, sem dúvida, um gênio – ele conectou mais pontos, de mais maneiras originais, do que quase qualquer outro ser humano. Ao mesmo tempo, estava sujeito às mesmas limitações mentais que todos nós. Para conceber uma ideia como a teoria geral da relatividade, ele precisou coletar e ligar um número incrível de pontos de modo que pudesse ligar as ideias de natureza e conceitos matemáticos, formando conexões que outros não tinham. Para deixar a mente divagar habitualmente, ele tocava violino por horas a fio.[35] Einstein *trabalhou* por sua genialidade. Como ele dizia, "Não tenho nenhum talento especial, só sou apaixonadamente curioso". Ao fazer perguntas do tipo "Como seria correr ao lado de um feixe de luz?", ele criou teias complexas de pontos para formular sua teoria da relatividade. Apesar de suas realizações, até mesmo Einstein sofreu com a síndrome do impostor, e disse certa vez à esposa, Elsa, ao ouvir os gritos de mil pessoas diante de seu quarto de hotel: "Acho que somos estelionatários. Vamos acabar na prisão".

Enquanto nós, com frequência, achamos atraente a história de um gênio solitário e dedicado, todos os gênios investiram tempo e esforço para alcançar a grandeza. Isso inclui Mozart, que escreveu sua primeira sinfonia aos 8 anos. Daniel Levitin, autor de *A música no seu cérebro*, propôs uma teoria para explicar o gênio musical de Mozart. "Não sabemos quanto Mozart praticava", Levitin diz, "mas, se começou aos 2 anos e trabalhou 32 horas por semana (bem possível, dada a reputação de seu pai de carrasco severo), teria feito suas primeiras 10 mil horas aos 8 anos de idade". A "regra das 10 mil horas" é popular – alguns sugerem que é a duração da prática esforçada que leva à aquisição de um nível de desempenho de especialista em determinada

---

35. Há inúmeros exemplos de pessoas que deixaram a mente divagar para conectar ideias. Para escrever *Hamilton*, indiscutivelmente o melhor espetáculo da Broadway já criado, o compositor Lin-Manuel Miranda fazia mixagens em um programa de computador e, em seguida, caminhava no modo foco disperso até as letras das canções surgirem para ele.

habilidade. Embora a regra não se aplique a todos os casos – você provavelmente se tornaria um campeão mundial em comer barras de chocolate em menos tempo –, é um critério bastante confiável. Dez mil horas é tempo suficiente para construir uma rica constelação de pontos ao redor de determinado tema ou especialidade.

Transforme o foco disperso em hábito

Espero que agora eu tenha conseguido convencer você das contribuições notáveis possibilitadas pelo foco disperso. Ele permite que você encontre conexões úteis entre ideias e experiências diferentes, recarregue e planeje o futuro. Para obter esses benefícios, você só precisa deixar sua mente descansar e divagar – de preferência fazendo algo habitual.

A frequência com que você deve dispersar sua atenção depende de uma série de fatores. Para alguns, ela está vinculada à frequência de uso (e necessidade de recarregar) de sua capacidade de hiperfocar. O hiperfoco consome energia mental, enquanto o foco disperso restaura as energias.

Dispersar a atenção é particularmente benéfico quando seu trabalho exige que você conecte ideias mais complexas e disparatadas. Por exemplo, você precisa dispersar sua atenção com mais regularidade se é responsável por pesquisas de projetos ou é um designer de videogame que constrói enredos. Quanto mais criatividade seu trabalho exige, mais assiduamente você deve dispersar sua atenção. Na maioria dos casos, o trabalho intelectual de fato se beneficia do máximo de criatividade que pudermos lhe trazer.

Por fim, a frequência com que você dispersa sua atenção deve refletir quanto é importante para você encontrar a abordagem correta para seu trabalho. Outra das minhas citações favoritas é de Abraham Lincoln, que disse: "Deem-me seis horas para derrubar uma árvore, e vou gastar as primeiras quatro horas afiando o machado". Se estamos criando um projeto de reforma da casa, alocando o orçamento de nossa equipe ou fazendo uma pesquisa, a abordagem que assumirmos importa. Quanto mais tempo de foco disperso programarmos enquanto estivermos elaborando um plano, mais tempo economizaremos mais tarde.

O cérebro necessita de alguns minutos para alternar entre o hiperfoco e foco disperso. Por isso, fazer pausas de foco disperso que durem pelo menos 15 minutos produzirá melhores resultados do que tentar aproveitar períodos minúsculos durante todo o dia. Mas mesmo os pequenos intervalos vão ajudar você a aumentar sua criatividade, pois, embora talvez não deixem tempo suficiente para criar percepções complexas do tipo "eureca", definitivamente vão permitir que você defina intenções, descanse e capture os circuitos abertos em sua mente. Todos os três sabores de foco disperso – habitual, de captura e de resolução de problemas – funcionam tanto em períodos curtos quanto em períodos longos, mas vão proporcionar mais benefícios em durações maiores.

Além de entrar no modo foco disperso nas pausas de trabalho, você pode aplicá-lo durante o dia em inúmeras outras oportunidades. Veja algumas sugestões:

- desconecte-se da internet entre 20h e 8h;
- observe quando terminar uma tarefa e use isso como uma deixa para dispersar um pouco sua atenção;
- compre um despertador barato para você não se distrair imediatamente com o celular quando acordar;
- saia para tomar café apenas com uma caderneta;
- como um desafio pessoal, deixe o celular em casa durante um dia inteiro;
- tome um banho mais longo;
- entedie-se por cinco minutos e observe que pensamentos passam por sua cabeça;
- controle as distrações e simplifique seu ambiente para garantir

que sua atenção não transborde da próxima vez que se dedicar a um passatempo criativo;

- cozinhe com música em vez de assistir a algo divertido;
- saia para uma caminhada na natureza;
- visite uma galeria de arte;
- trabalhe sem música ou podcast.

Falando objetivamente, o foco disperso talvez pareça bastante improdutivo. Andar de ônibus olhando pela janela. Andar pela natureza ou correr sem fones de ouvido. Aguardar em uma sala de espera escrevendo em um bloco de notas em vez de mexer no celular. Embora você pareça não estar fazendo nada, sua mente com certeza está.

O foco disperso é o modo mais criativo do seu cérebro. Assim como o hiperfoco, vale a pena gastar o máximo de tempo possível para praticá-lo.

Capítulo 10

O TRABALHO CONJUNTO

Misturando hiperfoco e foco disperso

Em muitos aspectos, o hiperfoco e o foco disperso são completamente opostos. Em um determinado momento, ou estamos fazendo algo (com atenção externa) ou pensando em algo (com atenção interna). Somos incapazes de estar tanto em hiperfoco quanto em foco disperso ao mesmo tempo.

Apesar de todas as diferenças, há uma série de oportunidades para os dois modos trabalharem em conjunto. Quando nos concentramos, consumimos e coletamos pontos; quando dispersamos nossa atenção, ligamos esses pontos. Hiperfocar nos permite lembrar mais, o que leva a ligações mais valiosas feitas no modo foco disperso. O foco disperso nos permite recarregar, o que, por sua vez, fornece mais energia para o hiperfoco. Os insights que desenterramos no foco disperso nos ajudam a trabalhar de forma mais inteligente mais tarde. Dessa forma, gerir deliberadamente nossa atenção é uma prática com benefícios cada vez maiores.

Existem várias estratégias que você pode colocar em prática para aproveitar o hiperfoco e o foco disperso. Essas estratégias vão sempre ajudá-lo, independentemente do modo que você esteja usando no momento.

Invista em sua felicidade

Se você der uma olhada nos muitos livros, artigos e trabalhos de pesquisa sobre o tema felicidade, provavelmente vai sentir um peso apenas pela quantidade de conselhos que existem. Alguns são úteis, mas vários trazem um monte de promessas vazias.

É importante fazer uma distinção entre investir de maneira legítima na felicidade e apenas pensar mais positivamente. De forma direta, não adianta ter pensamento positivo para trazer mais felicidade e produtividade. Na verdade, pesquisas mostraram que é *contraproducente*. Em um estudo, quanto mais uma mulher com sobrepeso fantasiou ser magra, menos peso ela perdeu durante um ano. Em outro estudo, quanto mais pacientes pós-cirurgia fantasiaram a respeito de sua recuperação, mais lenta foi a melhora do quadro. Em outros estudos, devanear positivamente sobre o futuro fez participantes piorarem o desempenho em testes, diminuiu a probabilidade de entrada em novos relacionamentos românticos, trouxe um menor domínio da vida cotidiana e até mesmo levou as pessoas a contribuir menos para a caridade.

O pensamento positivo faz com que nos sintamos bem-sucedidos no momento, mas cobra o preço de criarmos um plano real para nos tornar um sucesso mais tarde. Na prática, há pouca diferença entre o pensamento positivo e a autoilusão.

Mas o que *realmente* ajuda a aumentar nosso nível de felicidade? Gastar tempo em coisas que aumentem nosso nível de sentimento positivo, ou seja, que nos fazem sentir bem. Existem diversas pesquisas reais que demonstram que ficar mais feliz nos ajuda a administrar nossa atenção, e sugerem maneiras comprovadas de aumentar nosso nível de felicidade. Curiosamente, quanto mais investimos em nossa felicidade, mais produtivos nos tornamos no modo hiperfoco e mais criativos nos tornamos no modo foco disperso.

Antes de chegar ao porquê, vale a pena observar que provavelmente você vai se sentir mais feliz apenas colocando em prática as ideias deste livro. Terá muito menos satisfação quando sua mente divagar contra sua vontade, mesmo quando estiver divagando por temas neutros. Vai ficar feliz tanto quando sua mente estiver divagando involuntariamente para um tópico positivo quanto se ela estiver se concentrando em algo comum. Praticar o hiperfoco e trabalhar com menos distrações ajuda a focar mais a atenção no presente. *Intencionalmente* deixar sua mente divagar tira a culpa, a dúvida e o estresse do processo, porque você escolhe relaxar em vez de fazê-lo contra sua vontade. De modo geral, uma mente divagando nos deixa menos felizes, a não ser que estejamos pensando em algo em que temos interesse, em algo útil ou em uma novidade. O foco disperso – a forma intencional do divagar da mente – nos permite vivenciar esses três tipos de pensamento ao mesmo tempo.

Por que, exatamente, investir na felicidade fomenta a produtividade e a criatividade?

Primeiro, e mais importante, **um humor positivo aumenta seu espaço atencional**, independentemente do modo em que você esteja.

Quando você está feliz, a quantidade de dopamina na parte lógica de seu cérebro aumenta, o que leva você a abordar seu trabalho com mais energia e vigor – e, como você tem mais espaço atencional para trabalhar, terá os recursos de que precisa para se concentrar com mais profundidade e realizar mais. Estar de bom humor também melhora sua capacidade de recordar informações com rapidez. Você também vai consumir informações de maneira mais ativa: quanto mais feliz estiver, mais reunirá ideias de formas novas e interessantes e mais será capaz de vencer a "fixidez funcional" e de, como MacGyver, enxergar novos usos para coisas familiares. A felicidade também incentiva a buscar mais variedade, mas não do tipo arriscado.

Por outro lado, **um humor negativo reduz seu espaço atencional**. Pessoas infelizes são menos produtivas, ponto. Quanto menos feliz você estiver, maior será a frequência com que sua mente divagará contra a sua vontade, e menos atenção você dará para aquilo que está diante de você. Quanto menos feliz você se sentir, mais importante será domar as distrações, pois você terá menos espaço atencional e energia para resistir a elas. Os locais para onde sua mente divaga também são diferentes quando você está com humor negativo – é mais provável que você viaje até um passado distante, ruminando sobre eventos que ocorreram na época.[36] Embora por vezes você possa se beneficiar de reviver experiências passadas, a curto prazo a produtividade sofre – quando sua mente divaga mais ao passado, você planeja o futuro com menos frequência e estrutura menos ideias produtivas. E, ao mesmo tempo que os episódios involuntários de divagação aumentam, eles se tornam menos agradáveis e produtivos. Por isso é tão importante registrar os problemas que você está enfrentando quando está com humor negativo: sempre que estiver se sentindo horrível, muitas vezes também está lidando com diversas questões sérias. O efeito Zeigarnik – que mantém os problemas não resolvidos na comissão de frente da mente – força você a pensar mais neles.

Pessoas que estão infelizes também levam mais tempo para se concentrar de novo após uma interrupção e ruminam com mais frequência seus fracassos. De acordo com um estudo, hábitos que treinam nosso cérebro a divagar menos – como atenção plena e meditação – são "eficazes [até mesmo] na redução da recaída de indivíduos depressivos em recuperação".

---

36. Os investigadores mediram isso em laboratório colocando participantes para ouvir músicas alegres ou tristes enquanto faziam declarações positivas ou negativas. Alguns participantes ouviram músicas edificantes, como *Eine kleine Nachtmusik*, de Mozart, enquanto proferiam declarações como "Eu tenho total confiança em mim mesmo". Outros ouviram músicas mais tristes, como *Adagio para cordas*, de Barber, enquanto proferiam declarações como "Bem quando acho que as coisas vão melhorar, algo dá errado".

Embora haja pouca pesquisa sobre exatamente em que grau seu espaço atencional se expande quando você está feliz, Shawn Achor, psicólogo de Harvard especialista em felicidade, descobriu que pessoas mais felizes são 31% mais produtivas que aquelas que estão em um estado negativo ou neutro. A felicidade também ajuda você a ter mais criatividade no modo foco disperso. Você fica mais propenso a experimentar soluções perspicazes para os problemas quando está em um estado de espírito positivo, o que não é surpreendente, dado que seu cérebro terá mais espaço atencional e energia com que trabalhar.

Como, então, podemos investir em nossa felicidade utilizando as descobertas da ciência?

Um de meus estudos favoritos – o mesmo que descobriu que gastamos 47% do nosso tempo divagando – realizou uma amostragem com milhares de participantes durante um dia inteiro, fazendo duas perguntas: o que estavam fazendo no momento do recebimento do teste (eles receberam uma notificação no celular) e quão felizes estavam fazendo aquilo. Quando publicaram o estudo, os pesquisadores já haviam recebido mais de 250 mil respostas dos milhares de participantes. Aqui estão as cinco principais atividades que os deixavam mais felizes:

5. Ouvir música
4. Jogar
3. Falar e investir em seus relacionamentos
2. Fazer exercícios
1. Fazer amor

Vale ressaltar que nossa mente divaga menos quando estamos fazendo amor – e que ficamos significativamente mais felizes fazendo isso do que qualquer outra coisa. Nada chega nem perto. (Para *realmente* investir em sua atenção, tente fazer todas as cinco coisas de uma vez.)

Além dessas atividades, há uma série de outros hábitos que comprovadamente tornam as pessoas mais felizes. Um de meus pesquisadores favoritos no campo da felicidade é o já mencionado Shawn Achor, autor de *O jeito Harvard de ser feliz*. No livro, e em sua palestra no TED, Shawn mostra algumas estratégias corroboradas pela ciência para aumentar sua felicidade. Suas principais sugestões são:

- Relembre três coisas pelas quais se sente grato ao final de cada dia (uma boa tática para acompanhar a Regra de 3, discutida no Capítulo 3).
- Registre por escrito, ao final de cada dia, uma boa experiência que você teve.
- Medite (veja o Capítulo 5).
- Faça um ato aleatório de gentileza.

Embora o humor e as atitudes não sejam necessariamente pontos e ideias em que você possa se concentrar, eles influenciam bastante o modo como você percebe e se relaciona com o que está no seu espaço atencional e afetam o tamanho do próprio espaço atencional. A felicidade é a lente cor-de-rosa que colocamos sobre nosso espaço atencional, nos permitindo relacionar nossas experiências de forma mais produtiva e criativa.

Se você precisa de um impulso, escolha alguns itens de cada uma dessas listas acima para tentar. Reflita sobre a diferença que fazem para você. Experimente todas as nove ideias e continue com o que funciona. No fim das contas, essas estratégias não apenas vão deixar você mais feliz, mas também trarão mais produtividade e criatividade.

Entenda seus níveis de energia

Como você provavelmente já sabe, os níveis de energia ao longo do dia são tudo, menos constantes. Eles variam de acordo com o momento em que seu corpo está programado para ter o máximo de energia (por exemplo, depende de você ser um pássaro madrugador ou uma coruja), a frequência com que se exercita, o que come e se dorme o suficiente.

Assim como os níveis de energia, seu foco e sua produtividade não são uniformes. Você terá mais produtividade quando dedicar seus momentos ricos em energia às tarefas mais complexas e importantes.

Se você leu meu livro anterior, *The Productivity Project*, já tem familiaridade com essa ideia. O hiperfoco é mais eficaz durante seu período de pico de energia – chamo-o de Horário Nobre Biológico (HNB), e os horários exatos do dia são diferentes para cada um. (Se você colocar seus níveis de energia de uma ou duas semanas em um gráfico, será capaz de identificar seus padrões.) Quanto mais tarefas produtivas você fizer durante o HNB, mais produtividade terá.

Há o outro lado da moeda desse conceito quando se trata de foco disperso. O foco disperso será mais poderoso quando você tiver o *mínimo* de energia. Seu cérebro fica menos inibido durante esses períodos e não retém as ideias que gera. Problemas analíticos exigem atenção focada para resolvê-los, mas soluções criativas para problemas surgem quando você conecta o maior número de ideias. Um estudo descobriu que resolvemos 27,3% mais problemas de insight durante nosso período do dia não ideal, quando naturalmente estamos mais cansados. Chamo esses períodos, quando temos menos energia, de Horário Nobre Criativo.

Não faltam pesquisas que analisam quando temos mais energia naturalmente. Para a maioria das pessoas, ocorre no fim da manhã (por volta de 11h) e no meio da tarde (em torno de 14h ou 15h). Nosso período de menor energia é logo após o almoço.

Níveis de energia também variam durante a semana: estamos normalmente menos envolvidos com o trabalho às segundas-feiras, quando sentimos mais tédio, e ficamos mais envolvidos às sextas-

-feiras.[37] Cada um é diferente, claro: se você é um madrugador que sai da cama às 5h, seu horário nobre talvez seja no início do dia, e à tarde possa ser o melhor momento para o trabalho criativo. Da mesma forma, os notívagos podem achar que são mais produtivos quando outros já foram para cama faz tempo.

Uma ótima maneira de trabalhar de forma mais inteligente é programar tarefas que exijam atenção durante o HNB e tarefas que exigem mais criatividade durante o HNC. Reserve tempo para essas tarefas em sua agenda.

Beba álcool e cafeína estrategicamente

Com relação à diminuição de suas inibições, você provavelmente tem familiaridade com os efeitos do álcool. Foi demonstrado que beber deixa as pessoas melhores para resolver problemas criativos, assim como acontece quando ficamos cansados. (Para testar essa teoria, reescrevi um tanto deste capítulo enquanto tomava um drinque de vodca com um toque de limão. Vou deixar que você avalie se ele está melhor que os outros.)

Um estudo incrível que encontrei enquanto escrevia este livro aborda como pesquisadores deixaram os participantes levemente embriagados enquanto viam *Ratatouille*, uma animação da Disney/Pixar. Os pesquisadores dividiram os participantes em dois grupos. Um grupo comeu um sanduíche e tomou vários drinques de vodca com *cranberry* – ambos em quantidades definidas de acordo com o peso do participante. Os indivíduos consumiram as bebidas enquanto assistiam ao filme. O segundo grupo, muito menos afortu-

---

37. Outro achado divertido e aleatório a partir desse estudo: executamos o maior número de tarefas rotineiras às quintas-feiras (cerca de um terço das tarefas de rotina que fazemos durante toda a semana). Se você se pegar nesse padrão, pode valer a pena ver as quintas-feiras como seu "Dia de Manutenção", quando faz todas as tarefas nas quais preferiria não focar durante o restante da semana.

nado, também assistiu ao filme, mas sem consumir nenhum alimento ou bebida no processo.

Os resultados do estudo foram notáveis: depois de assistir ao filme, os participantes embriagados resolveram palavras cruzadas com *38%* mais criatividade que os participantes sóbrios. Não só isso, resolveram os problemas com mais rapidez! (Como você deve ter adivinhado, os participantes bêbados não se deram melhor na resolução de problemas lógicos.) De novo, quando se trata de resolver problemas criativos, quanto menos controle tivermos sobre nossa atenção, melhor.

Esta seção não pretende defender o uso do álcool – que, evidentemente, tem suas desvantagens. O estudo do *Ratatouille* mediu o desempenho em tarefas que exigiam criatividade pura, mas a maioria das tarefas exige uma combinação de criatividade *e* foco. Quando chega a hora de se concentrar em algo, o álcool vai obliterar totalmente sua produtividade.

Se você gosta de meditação, experimente tomar um drinque ou dois antes de sua próxima sessão noturna. Vai experimentar esse efeito em primeira mão: o consumo de álcool deixa sua mente divagar com mais frequência e, ao mesmo tempo, *diminui* sua metaconsciência. O álcool afeta os dois aspectos da qualidade de sua atenção: não só você vai se concentrar por um período mais curto como também vai levar mais tempo para perceber que sua mente divagou.

Estar sob a influência do álcool também diminui seu espaço atencional e dificulta o foco em praticamente qualquer coisa. Quanto mais você bebe, mais sua mente divaga, menos consciência você tem para detê-la e menor é seu espaço atencional. Não surpreende que lembramos menos quando tomamos uns drinques – é impossível recordar aquilo em que não se prestou atenção.

Na prática, vale a pena consumir álcool apenas para tarefas muito específicas. Se for fim do expediente e você quiser fazer um brainstorming, tomar uma vai ajudar. Mas não se esqueça de que isso ajuda precisamente porque diminui a quantidade de controle que você tem sobre sua atenção.

Vejo o consumo de álcool como uma forma de pegar emprestadas a energia e a felicidade do dia seguinte. Às vezes é um preço que vale a pena pagar – como quando você sai com amigos que não via há muito tempo –, mas muitas vezes simplesmente não vale. Se for beber álcool, faça isso de forma estratégica: nos raros momentos em que desejar deixar sua mente divagar livremente (e não tiver nada importante planejado para depois) ou se quiser roubar um tanto de felicidade do dia seguinte.

A cafeína é outra droga cujo consumo deve ser estratégico. Quando se trata de administrar sua atenção, a cafeína tem efeito oposto ao do álcool: enquanto o álcool nos ajuda com o foco disperso, a cafeína nos auxilia a hiperfocar.

As pesquisas são conclusivas: a cafeína aumenta o desempenho mental (e físico) em praticamente todas as formas mensuráveis:

- **Aprofunda nosso foco** (independentemente de ser uma tarefa simples ou complexa) e o contrai, o que torna o ato de hiperfocar uma tarefa mais fácil (mas dificulta mais o foco disperso).
- **Ajuda a perseverar**, sobretudo em tarefas longas e cansativas. (Reforça nossa determinação, independentemente do quanto estejamos cansados.)
- **Melhora nosso desempenho** em tarefas que exigem memória verbal, em reações rápidas ou raciocínio visuoespacial (por exemplo, ao montar um quebra-cabeça).

Em geral, esses efeitos diminuem após o consumo de cerca de 200 miligramas de cafeína (uma única xícara de café contém cerca de 100 miligramas). Quantidades superiores a 400 miligramas devem ser evitadas, pois com esse volume você começa a ter mais ansiedade, e seu desempenho fica prejudicado. Mais uma vez, use esse conselho somente se achar que funciona para você. Todos nós reagimos de forma diferente à cafeína. Algumas a metabolizam com rapidez e têm uma alta tolerância a ela, outros descobrem que seu corpo inteiro vibra após alguns goles. Como com a maioria dos conselhos de produtividade, é essencial implementar táticas individuais com consciência do quanto realmente funcionam para nós.

A cafeína também pode impulsionar sua performance no trabalho e no exercício físico – ela ajuda você a ter um desempenho melhor em condições quentes, impulsiona o desempenho em treinos de fortalecimento e aumenta a tolerância à dor durante o exercício.

Assim como o álcool, a cafeína tem seus inconvenientes, mesmo quando você consome bebidas cafeinadas mais saudáveis que não sejam carregadas de açúcar, como chá-preto, chá-verde ou matchá (meu favorito). À medida que seu corpo metaboliza a cafeína para tirá-la de seu sistema, sua energia cai, e a produtividade acompanha. A cafeína também pode prejudicar o sono, o que talvez derrube sua produtividade no dia seguinte.

Por causa dessas questões, escolha a cafeína apenas se você de fato obtém benefícios decorrentes do aumento de desempenho mental ou físico. Desde que não seja muito tarde, consuma um pouco de cafeína da próxima vez que estiver prestes a hiperfocar em uma tarefa ou ir à academia para um treino pesado.[38] Em vez de tomar uma xícara de café depois que acordar, espere até começar a trabalhar e, assim, se beneficie do impulso quando tiver que trabalhar em tarefas mais produtivas. Se tiver uma reunião de brainstorming logo de manhã, consuma cafeína *depois* da sessão, mantendo baixas as paredes de seu espaço atencional para deixar mais ideias fluírem para dentro dele. Por outro lado, se tiver uma reunião de apresentação, faça o contrário.

---

38. Se estiver procurando um impulso quase instantâneo, tente chiclete de cafeína. Seu corpo absorve a cafeína mais rapidamente pelo tecido bucal.

Escritórios abertos

Eu dou palestras sobre produtividade em diferentes ambientes de trabalho e, ao longo do tempo, tenho notado cada vez mais empresas adotando um layout de escritório aberto. Escritórios abertos trazem uma mistura de resultados quando se trata de foco e produtividade.

É mais fácil focar quando trabalhamos em um ambiente que podemos controlar e, obviamente, em um escritório aberto temos menos controle sobre nosso ambiente e, por conseguinte, sobre nossa atenção. Pesquisas corroboram esse fato: nós nos distraímos com *64% mais frequência* em um ambiente aberto e também somos interrompidos por outras pessoas mais vezes. Um escritório aberto pode prejudicar seriamente sua produtividade se você faz um trabalho que exija atenção.

Escritórios abertos têm os seus benefícios. Um deles é que ajudam as pessoas a trabalhar por mais tempo em um único projeto antes de mudar para o próximo. O motivo para tanto é interessante: enquanto nossos colegas nos interrompem mais em um ambiente aberto, são também mais atenciosos ao fazê-lo. Como conseguem ver que estamos trabalhando, percebem quando atingimos um ponto de pausa natural em nosso trabalho – quando voltamos à nossa mesa depois de uma reunião, no final de uma ligação telefônica ou quando nos levantamos depois de terminar alguma coisa. Nesses ambientes, somos interrompidos com mais frequência quando estamos alternando entre tarefas, por isso não precisamos de muito tempo e energia para focarmos de novo.

Embora este livro seja voltado para a produtividade individual, nosso trabalho não existe em um vácuo: os projetos em nossa mão em geral são entrelaçados com o trabalho dos outros. Em trabalhos altamente colaborativos, quanto mais rápido conseguimos informações vindas de outros, e mais rápido obtiverem informações nossas, melhor a colaboração, pois a equipe vai ficar mais produtiva como um sistema inteiro.

O ponto principal quando se trata de escritórios abertos é que, se o trabalho que você e sua equipe fazem é hipercolaborativo ou envolve muita criatividade e ligação de ideias, vale a pena ter um escritório aberto mesmo com desvantagens. Por outro lado, se seu trabalho envolve um número significativo de tarefas que se beneficiam de foco imperturbado, como cada vez mais os trabalhos parecem ser, um escritório aberto pode ser prejudicial para sua produtividade.

Se você é gerente, considere o tipo de trabalho que sua equipe faz antes de planejar um escritório aberto. Se decidir que fazer esse projeto vale o custo em potencial de produtividade, não deixe de treinar seus funcionários para gerenciar interrupções. Um estudo descobriu que depois de um grupo ter entendido como interrupções são onerosas, elas diminuíram 30%.

Também vale a pena investigar se a maioria das interrupções que você (ou sua equipe) enfrenta vem de uma fonte comum. Por exemplo, se você lidera um grupo de programadores que são interrompidos principalmente para solicitações e perguntas sobre o produto, crie uma ferramenta para quem estiver fora da equipe sugerir novos recursos e produza uma documentação mais útil. Assim, as interrupções serão menos frequentes e menos onerosas. Se você não consegue evitar a implementação de um escritório aberto, garanta que seja criada uma área tranquila onde os funcionários possam hiperfocar sem interrupção.

Crie um ritual de foco

Até agora já vimos como integrar o hiperfoco e o foco disperso em sua vida e criar um hábito de entrar em cada modo diariamente.

Entre no modo hiperfoco ao menos uma vez por dia para lidar com suas tarefas mais produtivas; elimine distrações e se concentre em uma coisa importante. Entre no modo foco disperso várias vezes ao dia, em especial no modo foco disperso habitual, de maneira que possa planejar o futuro, ligar ideias e recarregar sua capacidade de hiperfocar. Faça o mesmo em casa, hiperfocando em experiências e conversas significativas e entrando em foco disperso quando precisar planejar, descansar ou pensar.

Em algumas semanas, talvez você ache que precisa mais de um que do outro. Uma de minhas rotinas semanais favoritas é o ritual do foco, que programo a cada noite de domingo ou manhã de segunda-feira para planejar minha semana. Durante esse ritual, decido minhas três intenções semanais e avalio quanto vou precisar hiperfocar e entrar em foco disperso nos próximos dias. Eu estaria mentindo se dissesse que passo muito tempo planejando quanto vou dedicar a cada modo – ninguém deve fazer isso. Mas considero, resumidamente, se minha semana vai se beneficiar de um modo mais do que o outro.

Ao criar o seu próprio planejamento, faça a si mesmo perguntas como:

- De quanta produtividade e criatividade vou precisar esta semana? Se tenho um prazo chegando ao fim, isso significa que preciso hiperfocar mais que o habitual? Ou tenho mais espaço para planejar o futuro e ligar ideias?
- Que compromissos futuros vão entrar no caminho do meu tempo de hiperfoco e de foco disperso (por exemplo, viagens, uma conferência exaustiva ou um enorme número de reuniões)? Como posso lidar com esses obstáculos com antecedência?
- Quantos blocos de tempo consigo reservar para hiperfocar e entrar em foco disperso? Posso bloquear esses períodos na minha agenda?

Perceba

Este último capítulo explorou uma variedade de ideias que farão você aproveitar ainda mais sua atenção. Ao investir em sua felicidade, trabalhar em torno de seus níveis de energia, consumir álcool e cafeína estrategicamente, considerar o ambiente de seu escritório e levar em consideração o hiperfoco e o foco disperso enquanto planejar a semana, você será capaz de levar a administração deliberada de sua atenção a um nível mais elevado.

Também é importante não perder de vista um conceito final que é fundamental para administrar bem a atenção: a consciência.

Quando você se torna mais consciente do que está ocupando seu espaço atencional, de quanta energia tem e de quanto seu espaço atencional está cheio, você fica mais ágil e se ajusta conforme as condições mudam. Por exemplo, se você chegou a um impasse com um problema, a consciência lhe dará a capacidade de determinar se o problema é mais analítico ou exige insight criativo para ser resolvido – você pode, em seguida, entrar em hiperfoco ou em foco disperso conforme o caso.

Uma das melhores estratégias para treinar seu cérebro a ficar mais consciente é o alarme de consciência discutido no Capítulo 3. Quando o aviso sonoro toca, reflita sobre o que está ocupando seu espaço atencional, bem como a respeito do estado de sua atenção. É provável que você não tenha experimentado cada ideia deste livro, mas, se possível, tente essa. Além de um alarme de consciência a cada hora, tente escolher algumas deixas que você encontra a cada dia, no trabalho e em casa, a fim de usar como lembretes para verificação de seu espaço atencional.

A consciência é o fio condutor da maioria das táticas deste livro. Quando você tem consciência do que tomou conta de sua atenção, é capaz de reconduzi-la para coisas mais importantes e significativas. Assim, você vai trabalhar com mais determinação, focar por mais tempo e devanear menos, o que aumentará a qualidade da sua atenção, bem como sua qualidade de vida.

De fato, a consciência é um processo de perceber as coisas, e há muito a se perceber. Espero que você tenha descoberto alguns dos caminhos curiosos de sua atenção. Talvez tenha notado a qualidade de sua atenção: quanto de seu tempo você gasta intencionalmente, a duração do seu foco e quanto tempo sua mente divaga antes de você se pegar fazendo isso. Talvez tenha observado apenas a frequência com que automaticamente presta atenção a qualquer coisa que seja nova, prazerosa ou ameaçadora. Talvez tenha notado quanto os objetos de atenção passam rapidamente pelo seu espaço atencional.

Acima de tudo, espero que sua produtividade, sua criatividade e sua determinação tenham aumentado.

O poder de administrar bem sua atenção

Os benefícios de administrar sua atenção de forma eficaz são inúmeros. Inicialmente, você vai se sentir mais no controle quando desativar o piloto automático e gerenciar sua atenção de forma intencional. Vai começar a entender seus limites e se tornar mais capaz de trabalhar dentro deles – aprendendo quando pode ou não realizar mais de uma tarefa ao mesmo tempo. Sua vida se torna mais significativa, porque você presta mais atenção a experiências significativas e as processa com mais profundidade. Dessa forma, significado não é algo que tentamos encontrar, mas sim algo que nos esforçamos para *perceber*. Você fará mais coisas porque realmente será capaz de se concentrar em questões importantes. Será capaz de pensar com mais clareza e se envolver mais com seu trabalho. Planejará o futuro e definirá intenções com mais frequência. Seu descanso será melhor, e você sentirá menos culpa quando der um passo para trás. E vai conectar mais ideias, enquanto acumula constelações delas na mente sobre tópicos que impulsionarão ainda mais sua curiosidade. Isso vai inspirar você a ter mais criatividade, fará com que trabalhe de forma mais inteligente e intuitiva e aumentará sua produtividade em projetos criativos.

O hiperfoco pode ajudar você a fazer uma quantidade extraordinária de coisas em um período relativamente curto. O foco disperso fará você conectar ideias – o que o ajuda a descobrir insights ocultos, ter mais criatividade, planejar o futuro e descansar. Juntos, eles vão permitir que você trabalhe e viva com propósito.

Sua atenção é a ferramenta mais poderosa ao seu dispor para ajudá-lo a viver e trabalhar com mais produtividade, criatividade e propósito. Administrá-la bem fará com que você gaste mais tempo e energia em tarefas com mais propósito, trabalhe mais frequentemente com intenção, concentre-se por períodos mais longos e caia em menos devaneios indesejados.

Espero que você use sua atenção com sabedoria.

Agradecimentos

Um livro como este só existe porque dezenas de pessoas desempenharam bem seu papel. Somado, o trabalho delas provavelmente é maior que o meu.

Para começar, não conheci pessoalmente muitos dos que tornaram esta obra possível. São os pesquisadores cujos trabalhos serviram de base para montá-lo. Agradeço todos aqueles cujo trabalho está incluído na seção "Notas" e nas páginas deste livro. Um obrigado especial a Gloria Mark, Maria Czerwinski e Shamsi Iqbal, todos da Microsoft Research, por me encontrarem pessoalmente não uma vez, mas *três* vezes. Obrigado também a Jonathan Schooler, Jonathan Smallwood, Peter Gollwitzer e Sophie Leroy por concordarem em conversar comigo com tanta generosidade.

Lucinda Blumenfeld, minha agente literária, acreditou na ideia desta obra desde o início e, de novo, foi a melhor parceira que alguém poderia ter para publicar um livro. Lucinda é uma das raras pessoas que nunca têm medo de dizer o que pensam, mas, ao mesmo tempo, sempre dão seu apoio. Fico muito feliz de trabalhar com uma agente tão talentosa e generosa como ela. Rick Kot, meu extraordinário editor na Viking, também acreditou na ideia de *Hiperfoco* desde o início e me deixou trabalhar livremente nele. Uma das melhores coisas durante a escrita deste livro foi ter trabalhado com Rick – sem dúvida uma das pessoas mais inteligentes, talentosas e bondosas que já conheci. (E olha que nem preciso puxar o saco dele, pois ele já me enviou sua edição.) Agradeço Craig Pyette, meu editor incrivelmente talentoso na Random House Canada, que, de forma tão cuidadosa, ofereceu notas de edição que ajudaram a suavizar o livro ainda mais. Obrigado também a Diego Núñez, Connor Eck e Norma Barksdale, pelo apoio inestimável durante todo o processo editorial.

Agradeço ainda Hilary Duff e Victoria Klassen, que me ajudaram na pesquisa e na edição deste livro. Tenho a tendência de escrever de um jeito longo e sinuoso, e Hilary literalmente aparou milhares de palavras inúteis deste livro. Ela economizou para você algumas horas de vida, então talvez você também deva agradecer a ela. Victoria foi, pela segunda vez, uma ajuda extraordinária não apenas na checagem dos fatos deste livro, mas também – um grande alívio para mim – na formatação da seção "Notas", uma tarefa com a qual eu não gostaria de me envolver nem de longe. Obrigado, Victoria!

Além daqueles que ajudaram a moldar este livro, há muitos outros que participaram dele. Agradeço Hal Fessenden e Jennifer Choi por nos ajudarem a encontrar esses editores fantásticos fora dos Estados Unidos e do Canadá, inclusive Robin Harvie, da Macmillan do Reino Unido. Agradeço Carolyn Coleburn, Ben Petrone, Lydia Hirt, Nora Alice Demick e Alex McGill por ajudarem a divulgar a ideia deste trabalho nos Estados Unidos e no Canadá. Agradeço também a Luise Jorgensen, com quem tive o prazer de trabalhar por mais de quatro anos. Sinceramente não sei o que eu faria sem você, Luise (e isso não é uma hipérbole).

Agradeço a minhas leitoras e a meus leitores, alguns dos quais têm acompanhado meu trabalho há muitos anos. Espero que tenham achado que este livro valeu seu tempo e que meu próximo trabalho pague dividendos a vocês por muitos anos.

E, por fim, obrigado a Ardyn. Ardyn é minha primeira leitora, e espero que sempre seja. Confio nela mais do que em qualquer pessoa, não apenas para o teste de força das minhas ideias, mas também para me ajudar a construi-las antes de tudo. Porém, muito mais importante que qualquer coisa relacionada a trabalho, Ardyn é o amor da minha vida e se tornou minha noiva durante a escrita desta obra. Ardyn, você é única. Obrigado por fazer de mim um homem amado.

Notas

Capítulo 0: Por que o foco importa

12n **quanto estamos *interessados*:** Shi Feng, Sidney D'Mello e Arthur C. Graesser. "Mind Wandering While Reading Easy and Difficult Texts". *Psychonomic Bulletin & Review* 20, nº 3, 2013, pp. 586-592.

13 **Estudos mostram que conseguimos trabalhar:** Gloria Mark et al. "Neurotics Can't Focus: An *in situ* Study of Online Multitasking in the Workplace". In: *Proceedings of the 2016 CHI Conference on Human Factors in Computing Systems*. Nova York: ACM, 2016, pp. 1739-1744, doi: 10.1145/2858036.2858202.

Capítulo 0,5: Como focar melhor neste livro

18 **café ou chá:** David Mrazik. "Reconsidering Caffeine: An Awake and Alert New Look at America's Most Commonly Consumed Drug", trabalho de terceiro ano, Universidade de Harvard, 2004. DASH: Digital Access to Scholarship at Harvard.

Capítulo 1: Saia do piloto automático

24 **exigir deliberação consciente:** Wendy Wood, Jeffrey Quinn e Deborah Kashy. "Habits in Everyday Life: Thought, Emotion, and Action". *Journal of Personality and Social Psychology* 83, nº 6, 2002, pp. 1281-1297.

26n **antes mesmo de nós:** Erik D. Reichle, Andrew E. Reineberg e Jonathan W. Schooler. "Eye Movements During Mindless Reading". *Psychological Science* 21, nº 9, 2010, pp. 1300-1310.

Capítulo 2: Os limites de sua atenção

32 **sob a forma de experiências sensoriais:** Timothy Wilson. *Strangers to Ourselves: Discovering the Adaptive Unconscious*. Cambridge, MA: Belknap Press, 2004.

32 **mais da metade de nossa atenção:** TED. "Mihaly Csikszentmihalyi: Fluidez, o segredo da felicidade". YouTube, 24 out. 2008. Disponível em: <www.youtube.com/watch?v=fXIeFJCqsPs>. Acesso em: 20 jan. 2019.

33 **A média, porém, é quatro:** Nelson Cowan. "The Magical Mystery Four: How Is Working Memory Capacity Limited, and Why?". *Current Directions in Psychological Science* 19, nº 1, 2010: pp. 51-57; Edward K. Vogel e Steven J. Luck. "The Capacity of Visual Working Memory for Features and Conjunctions". *Nature* 390, nº 6657, 1997, pp. 279-281; Nelson Cowan. "The Magical Number 4 in Short-term Memory: A Reconsideration of Mental Storage Capacity". *Behavioral and Brain Sciences* 24, nº 1, 2001, pp. 87-114.

35 **nossas experiências conscientes:** Giorgio Marchetti. "Attention and Working Memory: Two Basic Mechanisms for Constructing Temporal Experiences". *Frontiers in Psychology* 5, 2014, p. 880.

35n **chances de sobrevivência:** Ferris Jabr. "Does Thinking Really Hard Burn More Calories?". *Scientific American*, jul. 2012; Nelson Cowan. "Magical Mystery Four".

36 **para quando precisarmos dela:** Klaus Oberauer. "Design for a Working Memory". *Psychology of Learning and Motivation* 51, 2009, pp. 45-100.

37 **"em uma memória de curto prazo":** Giorgio Marchetti. "Attention and Working Memory".

37 **assistindo a um vídeo:** Idem.

38 **cuida do resto**: Shi Feng, Sidney D'Mello e Arthur C. Graesser. "Mind Wandering While Reading Easy and Difficult Texts". *Psychonomic Bulletin & Review* 20, nº 3, 2013, pp. 586-592.

38 **47% do tempo:** Jonathan Smallwood e Jonathan W. Schooler. "The Science of Mind Wandering: Empirically Navigating the Stream of Consciousness". *AnnualReview of Psychology* 66, nº 1, 2015, pp. 487-518; Matthew A. Killingsworth e Daniel T. Gilbert. "A Wandering Mind Is an Unhappy Mind". *Science* 330, nº 6006, 2010, p. 932.

39 **cuja mente vagava:** Jonathan Smallwood, Merrill McSpadden e Jonathan W. Schooler. "When Attention Matters: The Curious Incident of the Wandering Mind". *Memory & Cognition* 36, nº 6, 2008, pp. 1144-1150.

39 **nossa mente está divagando:** Jennifer C. McVay, Michael J. Kane e Thomas R. Kwapil. "Tracking the Train of Thought from the Laboratory into Everyday Life: An Experience-Sampling Study of Mind Wandering Across Controlled and Ecological Contexts". *Psychonomic Bulletin & Review* 16, nº 5, 2009, pp. 857-63.

40 **apenas 10 segundos:** Adam D. Baddeley. *Essentials of Human Memory*. Hove, Reino Unido: Psychology Press, 1999.

42 **mesmos recursos mentais:** Daniel J. Levitin. "Why the Modern World Is Bad for Your Brain". *Guardian*, 18 jan. 2015.

50 **"inclinação para a novidade" embutida:** Robert Knight e Marcia Grabowecky. "Prefrontal Cortex, Time, and Consciousness". *Knight Lab, Cognitive Neuroscience Research Lab*, 2000.

52 **ativamente na memória:** Giorgio Marchetti. "Attention and Working Memory".

53 **alternar entre tarefas:** Eyal Ophir et al. "Cognitive Control in Media Multitaskers". *Proceedings of the National Academy of Sciences of the United States of America* 106, nº 37, 2009, pp. 15583-15587.

54 **também nos interrompe:** Gloria Mark et al. "Neurotics Can't Focus: An *in situ* Study of Online Multitasking in the Workplace". In: *Proceedings of the 2016 CHI Conference on Human Factors in Computing Systems.* Nova York: ACM, 2016, pp. 1739-1744, doi: 10.1145/2858036.2858202.

54n **até se distrair:** Gloria Mark, Yiran Wang e Melissa Niiya. "Stress and Multitasking in Everyday College Life: An Empirical Study of Online Activity". In: *Proceedings of the SIGCHI Conference on Human Factors in Computing Systems.* Nova York: ACM, 2014, pp. 41-50, doi:10.1145/2556288.2557361.

55 **migrou para a próxima:** Sophie Leroy. "Why Is It So Hard to Do My Work? The Challenge of Attention Residue When Switching Between Work Tasks". *Organizational Behavior and Human Decision Processes* 109, nº 2, 2009, pp. 168-181.

56 **formas mais criativas para concluí-la:** Idem.

56 **do início ao fim:** Gloria Mark et al. "Neurotics Can't Focus".

58 **até você perceber:** Killingsworth e Gilbert. "A Wandering Mind Is an Unhappy Mind".

Capítulo 3: O poder do hiperfoco

64 **mais erros cometiam:** Gordon D. Logan e Matthew J. C. Crump. "The Left Hand Doesn't Know What the Right Hand Is Doing: The Disruptive Effects of Attention to the Hands in Skilled Typewriting". *Psychological Science* 20, nº 10, 2009, pp. 1296-1300; Sian L. Beilock et al. "When Paying Attention Becomes Counterproductive: Impact of Divided Versus Skill-Focused Attention on Novice and Experienced Performance of Sensorimotor Skills". *Journal of Experimental Psychology: Applied* 8, nº 1, 2002, pp. 6-16.

65 **única coisa intencionalmente**: Shi Feng, Sidney D'Mello e Arthur C. Graesser. "Mind Wandering While Reading Easy and Difficult Texts". *Psychonomic Bulletin & Review* 20, nº 3, 2013, pp. 586-592.

65 **que nossa mente está divagando:** Jonathan W. Schooler et al. "Meta-awareness, Perceptual Decoupling and the Wandering Mind". *Trends in Cognitive Sciences* 15, nº 7, 2011, pp. 319-326.

65 **objeto original de atenção:** Wendy Hasenkamp et al. "Mind Wandering and Attention During Focused Meditation: A Fine-Grained Temporal Analysis of Fluctuating Cognitive States". *Neuroimage* 59, nº 1, 2012, pp. 750-760.

67 **47% do dia:** Matthew A. Killingsworth e Daniel T. Gilbert. "A Wandering Mind Is an Unhappy Mind". *Science* 330, nº 6006, 2010, pp. 932.

67 **trabalhar na tarefa original:** Gloria Mark, Victor Gonzalez e Justin Harris. "No Task Left Behind? Examining the Nature of Fragmented Work". In: *Proceedings of the SIGCHI Conference on Human Factors in Computing Systems*, Nova York: ACM, 2005, pp. 321-330, doi:10.1145/1054972.1055017.

72-3 **nos recompensamos por isso:** Claire M. Zedelius et al. "Motivating Meta-Awareness of Mind Wandering: A Way to Catch the Mind in Flight?". *Consciousness and Cognition* 36, 2015, pp. 44-53.

75 **em cerca de 20% a 30%:** Peter M. Gollwitzer e Veronika Brandstatter. "Implementation Intentions and Effective Goal Pursuit". *Journal of Personality and Social Psychology* 73, nº 1, 1997, pp. 186-199; Peter M. Gollwitzer. "Implementation Intentions: Strong Effects of Simple Plans". *American Psychologist* 54, nº 7, 1999, pp. 493-503.

76 **chances de sucesso:** Peter M. Gollwitzer e Veronika Brandstatter. "Implementation Intentions and Effective Goal Pursuit"; Peter M. Gollwitzer. "Implementation Intentions: Strong Effects of Simple Plans".

77 **objetivo original automaticamente:** Peter M. Gollwitzer e Veronika Brandstatter. "Implementation Intentions and Effective Goal Pursuit".

77 **fazer algo simples:** Peter M. Gollwitzer. "Implementation Intentions".

81 **recompensadoras ou significativas:** Allan Blunt. "Task Aversiveness and Procrastination: A Multi-Dimensional Approach to Task Aversiveness Across Stages of Personal Projects". Tese de mestrado do Departamento de Psicologia, Universidade de Carleton, 1998.

Capítulo 4: Dome as distrações

84 **a cada *35* segundos:** Gloria Mark et al. "Neurotics Can't Focus: An *in situ* Study of Online Multitasking in the Workplace". In: *Proceedings of the 2016 CHI Conference on Human Factors in Computing Systems*. Nova York: ACM, 2016, pp. 1739-1744, doi: 10.1145/2858036.2858202.

85 **são 38 verificações diárias:** Gloria Mark et al. "Focused, Aroused, but so Distractible: Temporal Perspectives on Multitasking and Communications". In: *Proceedings of the 18th ACM Conference on Computer Supported Cooperative Work & Social Computing*. Nova York: ACM, 2015, pp. 903-916, doi:10.1145/2675133.2675221.

85 **e nos estressa:** Gloria Mark, Daniela Gudith e Ulrich Klocke. "The Cost of Interrupted Work: More Speed and Stress". In: *Proceedings of the SIGCHI Conference on Human Factors in Computing Systems*. Nova York: ACM, 2008, pp. 107-110, doi:10.1145 /1357054.1357072.

85 **cerca de dez simultaneamente:** Victor Gonzalez e Gloria Mark. "Constant, Constant, Multi-tasking Craziness: Managing Multiple Working Spheres". In: *Proceedings of the SIGCHI Conference on Human Factors in Computing Systems*. Nova York: ACM, 2004, pp. 599-606, doi:10.1145/985692.985707.

85 ***uma segunda vez* antes de fazê-lo:** Gloria Mark, Victor Gonzalez e Justin Harris. "No Task Left Behind? Examining the Nature of Fragmented Work". In: *Proceedings of the SIG-CHI Conference on Human Factors in Computing Systems*. Nova York: ACM, 2005, pp. 321-30, doi:10.1145/1054972.1055017.

85n voltar para os trilhos: Fiona McNab et al. "Age-Related Changes in Working Memory and the Ability to Ignore Distraction". *Proceedings of the National Academy of Sciences* 112, nº 20, 2015, pp. 6515--6518.

85n uma distração atrás da outra: Leonard M. Giambra. "Task-Unrelated-Thought Frequency as a Function of Age: A Laboratory Study". *Psychology and Aging* 4, n° 2, 1989, pp. 136-143.

86n engajadas no ambiente de trabalho: IORG Forum, "Rhythms of Attention, Focus and Mood with Digital Activity – Dr. Gloria Mark". YouTube, 6 jul. 2014. Disponível em: <https://www.youtube.com/watch?v=0NUlFhxcVWc>. Acesso em: 20 jan. 2019.

86n diminuíram 17%: Rani Molla. "How Apple's iPhone Changed the World: 10 Years in 10 Charts". *Recode*, jun. 2017.

88n verifique seus e-mails: Gloria Mark et al. "Focused, Aroused, but So Distractible".

90 por outras pessoas: Gloria Mark, Victor Gonzalez e Justin Harris. "No Task Left Behind?"; Ioanna Katidioti et al. "Interrupt Me: External Interruptions Are Less Disruptive Than Self-Interruptions". *Computers in Human Behavior* 63, 2016, pp. 906-915.

90n vêm de outros: Gloria Mark, Victor Gonzalez e Justin Harris. "No Task Left Behind?"; Victor Gonzalez e Gloria Mark. "Constant, Constant, Multi-Tasking Craziness".

91 ao eixo com mais rapidez: Gloria Mark, Daniela Gudith e Ulrich Klocke. "Cost of Interrupted Work".

94 eliminar a cafeína do corpo: David Mrazik. "Reconsidering Caffeine: An Awake and Alert New Look at America's Most Commonly Consumed Drug". Trabalho de terceiro ano, Universidade de Harvard, 2004. DASH: Digital Access to Scholarship at Harvard.

95 bloquear suas distrações: Gloria Mark, Shamsi Iqbal e Mary Czerwinski. "How Blocking Distractions Affects Workplace Focus".

95 correlacionado à procrastinação: John C. Loehlin e Nicholas G. Martin. "The Genetic Correlation Between Procrastination and

Impulsivity". *Twin Research and Human Genetics: The Official Journal of the International Society for Twin Studies* 17, n° 6, 2014, pp. 512-515.

96 **capacidade de resistir às distrações:** Gloria Mark, Shamsi Iqbal e Mary Czerwinski. "How Blocking Distractions Affects Workplace Focus and Productivity". In: *Proceedings of the 2017 ACM International Joint Conference on Pervasive and Ubiquitous Computing and Proceedings of the 2017 ACM International Symposium on Wearable Computers.* Nova York: ACM Press, 2017, pp. 928-934, doi:10.1145/3123024.3124558.

97 **longos períodos:** Jennifer A. A. Lavoie e Timothy A. Pychyl. "Cyberslacking and the Procrastination Superhighway: A Web-Based Survey of Online Procrastination, Attitudes, and Emotion". *Social Science Computer Review* 19, n° 4, 2001, pp. 431-444.

97 **para se concentrar no trabalho:** John Trougakos e Ivona Hideg. "Momentary Work Recovery: The Role of Within-Day Work Breaks". In: *Current Perspectives on Job-Stress Recovery*, v. 7, *Research in Occupational Stress and Wellbeing*, Sabine Sonnentag, Pamela L. Perrewe e Daniel C. Ganster (eds.). West Yorkshire, Reino Unido: Emerald Group, 2009.

100 **cedo na noite anterior:** Gloria Mark, Yiran Wang e Melissa Niiya. "Stress and Multitasking in Everyday College Life: An Empirical Study of Online Activity". In: *Proceedings of the SIGCHI Conference on Human Factors in Computing Systems.* Nova York: ACM 2014, pp. 41-50, doi:10.1145/2556288.2557361.

104 **atenção demais com o e-mail:** Ashish Gupta, Ramesh Sharda e Robert A. Greve. "You've Got Email! Does It Really Matter to Process Emails Now or Later?". *Information Systems Frontiers* 13, n° 5, 2011, p. 637.

104 **durante um expediente:** Gloria Mark et al. "Focused, Aroused, but So Distractible: Temporal Perspectives on Multitasking and Communications". In: *Proceedings of the 18th ACM Conference on Computer Supported Cooperative Work & Social Computing.* Nova York: ACM, 2015, pp. 903--916, doi:10.1145/2675133.2675221.

105 e mais reflexão: Thomas Jackson, Ray Dawson e Darren Wilson. "Reducing the Effect of Email Interruptions on Employees". *International Journal of Information Management* 23, nº 1, 2003, pp. 55-65.

105 da marca de 40 segundos: Ashish Gupta, Ramesh Sharda e Robert A. Greve. "You've Got Email!".

107 pacífica e revigorante: Gloria Mark, Yiran Wang e Melissa Niiya. "Stress and Multitasking in Everyday College Life: An Empirical Study of Online Activity". In: *Proceedings of the SIGCHI Conference on Human Factors in Computing Systems.* Nova York: ACM 2012, pp. 555--564, doi:10.1145/2207676.2207754.

107 por dia em reuniões: Infocom, "Meetings in America: A Study of Trends, Costs, and Attitudes Toward Business Travel and Teleconferencing, and Their Impact on Productivity", relatório oficial, Verizon Conferencing.

107 nas empresas modernas: Chris Bailey. "The Five Habits of Happier, More Productive Workplaces", relatório oficial Zipcar white paper, 19 out. 2016.

111 "compêndio de informações": Shalini Misra et al. "The iPhone Effect: The Quality of In-Person Social Interactions in the Presence of Mobile Devices". *Environment and Behavior* 48, nº 2, 2016, pp. 275-298.

111 "qualidade da aproximação, da conexão e do relacionamento": Andrew K. Przybylski e Netta Weinstein. "Can You Connect with Me Now? How the Presence of Mobile Communication Technology Influences Face-to-Face Conversation Quality". *Journal of Social andPersonal Relationships* 30, nº 3, 2013, pp. 237-246.

112n propícios à criatividade: Kathleen D. Vohs, Joseph P. Redden e Ryan Rahinel. "Physical Order Produces Healthy Choices, Generosity, and Conventionality, Whereas Disorder Produces Creativity". *Psychological Science* 24, nº 9, 2013, pp. 1860-1867.

112n *depois* de uma caminhada: Michael J. Larson et al. "Cognitive and Typing Outcomes Measured Simultaneously with Slow Treadmill

Walking or Sitting: Implications for Treadmill Desks". *PloS One* 10, nº 4, 2015, pp. 1-13.

113n que naturalmente temos: Shawn Achor. *O jeito Harvard de ser feliz: o curso mais concorrido de uma das melhores universidades do mundo.* Trad. Cristina Yamagami. São Paulo: Saraiva, 2012.

114 não em baias: Florence Williams. "This Is Your Brain on Nature". *National Geographic,* jan. 2016.

116 é relativamente simples: Morgan K. Ward, Joseph K. Goodman e Julie R. Irwin. "The Same Old Song: The Power of Familiarity in Music Choice". *Marketing Letters* 25, nº 1, 2014, pp. 1-11; Agnes Si-Qi Chew et al., "The Effects of Familiarity and Language of Background Music on Working Memory and Language Tasks in Singapore". *Psychology of Music* 44, nº 6, 2016, pp. 1431-1438.

116n temperatura ideal para a produtividade: Greg Peverill-Conti. "Captivate Office Pulse Finds Summer Hours Are Bad for Business". *InkHouse for Captivate,* jun. 2012.

117 mais de seu espaço atencional: Lauren L. Emberson et al. "Overheard Cell-Phone Conversations: When Less Speech Is More Distracting". *Psychological Science* 21, nº 10, 2010, pp. 1383-1388.

117n de uma nota D para uma nota B: Faria Sana, Tina Weston e Nicholas J. Cepeda. "Laptop Multitasking Hinders Classroom Learning for Both Users and Nearby Peers". *Computers & Education* 62, 2013, pp. 24-31.

117n estudantes não estarem envolvidos: Evan F. Risko et al. "Everyday Attention: Mind Wandering and Computer Use During Lectures". *Computers & Education* 68, 2013, pp. 275-283.

118 dos extrovertidos, por exemplo: Adrian Furnham e Anna Bradley. "Music While You Work: The Differential Distraction of Background Music on the Cognitive Test Performance of Introverts and Extraverts". *Applied Cognitive Psychology* 11, nº 5, 1997, pp. 445-455.

121 a mesma passagem: Laura L. Bowman et al. "Can Students Really Multitask? An Experimental Study of Instant Messaging While Reading". *Computers & Education* 54, nº 4, 2010, pp. 927-931.

Capítulo 5: Transforme o hiperfoco em hábito

123 **tentando nos concentrar:** Jennifer C. McVay, Michael J. Kane e Thomas R. Kwapil. "Tracking the Train of Thought from the Laboratory into Everyday Life: An ExperienceSampling Study of Mind Wandering Across Controlled and Ecological Contexts". *Psychonomic Bulletin & Review* 16, nº 5, 2009, pp. 857-863; Paul Seli et al. "Mind-Wandering With and Without Intention". *Trends in Cognitive Sciences* 20, nº 8, 2016, pp. 605-617; Benjamin Baird et al. "Inspired by Distraction: Mind Wandering Facilitates Creative Incubation". *Psychological Science* 23, nº 10, 2012, pp. 1117-1122.

124 **com essas condições:** Gloria Mark, Yiran Wang e Melissa Niiya. "Stress and Multitasking in Everyday College Life: An Empirical Study of Online Activity". In: *Proceedings of the SIGCHI Conference on Human Factors in Computing Systems.* Nova York: ACM, 2014, pp. 41-50, doi:10.1145/2556288.2557361.

128 **como a composição de relatórios:** Gloria Mark et al. "Bored Mondays and Focused Afternoons: The Rhythm of Attention and Online Activity in the Workplace". In: *Proceedings of the CHI Conference on Human Factors in Computing Systems.* Nova York: ACM, 2014, pp. 3025-3034, doi: 10.1145/2556288.2557204.

129 **em tarefas complexas:** Jennifer C. McVay e Michael J. Kane. "Conducting the Train of Thought: Working Memory Capacity, Goal Neglect, and Mind Wandering in an Executive-Control Task". *Journal of Experimental Psychology: Learning, Memory, and Cognition* 35, nº 1, 2009, pp. 196-204.

129 **no futuro (e se planejar para ele):** Benjamin Baird, Jonathan Smallwood e Jonathan W. Schooler. "Back to the Future: Autobiographical Planning and the Functionality of Mind-Wandering". *Consciousness and Cognition* 20, nº 4, 2011, p. 1604.

130 **"destino mental preferido":** Ibid.

130 **trabalhar para melhorá-las!:** Adam Hampshire et al. "Putting Brain Training to the Test". *Nature* 465, nº 7299, 2010, pp. 775-778.

130n uma correlação de 85%: Klaus Oberauer et al. "Working Memory and Intelligence: Their Correlation and Their Relation: Comment on Ackerman, Beier, and Boyle (2005)". *Psychological Bulletin* 131, nº 1, 2005, pp. 61-65.

130n de desempenho profissional: Roberto Colom et al. "Intelligence, Working Memory, and Multitasking Performance". *Intelligence* 38, nº 6, 2010, pp. 543-551.

131 uma média de *16%:* Michael D. Mrazek et al. "Mindfulness Training Improves Working Memory Capacity and GRE Performance While Reducing Mind Wandering". *Psychological Science* 24, nº 5, 2013, pp. 776-781.

131 com preocupações pessoais: Ibid.

131 "da divagação mental": Jonathan Smallwood e Jonathan W. Schooler. "The Science of Mind Wandering: Empirically Navigating the Stream of Consciousness". *Annual Review of Psychology* 66, n° 1, 2015, pp. 487-518.

132 Algumas semanas mais tarde: Dianna Quach et al. "A Randomized Controlled Trial Examining the Effect of Mindfulness Meditation on Working Memory Capacity in Adolescents". *Journal of Adolescent Health* 58, nº 5, 2016, pp. 489-496.

135 administra sua atenção: E. I. de Bruin, J. E. van der Zwan e S. M. Bogels. "A RCT Comparing Daily Mindfulness Meditations, Biofeedback Exercises, and Daily Physical Exercise on Attention Control, Executive Functioning, Mindful Awareness, Self-Compassion, and Worrying in Stressed Young Adults". *Mindfulness* 7, nº 5, 2016, pp. 1182-1192.

137 "Ser ouvido é tão próximo": David W. Augsburger, *Caring Enough to Hear and Be Heard.* Ventura, CA: Regal Books, 1982.

Capítulo 6: O modo criativo escondido em seu cérebro

147 empregar deliberadamente o foco disperso: J. R. Binder et al. "Conceptual Processing During the Conscious Resting State: A Functional MRI Study". *Journal of Cognitive Neuroscience* 11, nº 1, 1999, pp. 80-93.

244   Hiperfoco

147 **serem analisados:** Paul Seli, Evan F. Risko e Daniel Smilek. "On the Necessity of Distinguishing Between Unintentional and Intentional Mind Wandering". *Psychological Science* 27, nº 5, 2016, pp. 685-691.

148 **não levar choque de novo:** Universidade da Virginia. "Doing Something Is Better Than Doing Nothing for Most People, Study Shows". *EurekAlert!*, jul. 2014.

148 ***prazeroso* ou *ameaçador:*** Amit Sood e David T. Jones. "On Mind Wandering, Attention, Brain Networks, and Meditation". *Explore* 9, nº 3, 2013, pp. 136-141.

150 **perambulamos pelo passado:** Benjamin Baird, Jonathan Smallwood e Jonathan W. Schooler. "Back to the Future: Autobiographical Planning and the Functionality of Mind-Wandering". *Consciousness and Cognition* 20, nº 4, 2011.

150n **ter alimentos roubados:** Sergio P. C. Correia, Anthony Dickinson e Nicola S. Clayton. "Western Scrub-jays Anticipate Future Needs Independently of Their Current Motivational State". *Current Biology* 17, nº 10, 2007, pp. 856-861.

150n **rudimentar e limitada:** Dan Pink, *Quando: Os segredos científicos do timing perfeito.* Trad. Cássio de Arantes Leite. Rio de Janeiro: Objetiva, 2018.

151 **o passado, o presente e o futuro:** Benjamin Baird, Jonathan Smallwood e Jonathan W. Schooler. "Back to the Future"; Jonathan W. Schooler et al. "Meta-awareness, Perceptual Decoupling and the Wandering Mind". *Trends in Cognitive Sciences* 15, nº 7, 2011, pp. 319-326.

152 **essa coisa ao mesmo tempo:** Jonathan Smallwood, entrevista com o autor, 28 nov. 2017.

152n **mal de Alzheimer e demência:** Zoran Josipovic et al. "Influence of Meditation on Anti-correlated Networks in the Brain". *Frontiers in Human Neuroscience* 183, nº 5, 2012.

152n **"com QI médio":** Mary Helen Immordino-Yang, Joanna A. Christodoulou e Vanessa Singh. "Rest Is Not Idleness: Implications of the

Brain's Default Mode for Human Development and Education". *Perspectives on Psychological Science* 7, nº 4, 2012, pp. 352-364.

153 **é gasto em planejamento:** Jessica R. Andrews-Hanna. "The Brain's Default Network and Its Adaptive Role in Internal Mentation". *The Neuroscientist: A Review Journal Bridging Neurobiology, Neurology and Psychiatry* 18, nº 3, 2012, p. 251; Benjamin Baird, Jonathan Smallwood e Jonathan W. Schooler. "Back to the Future".

153 **e mais intencional:** Jonathan Smallwood, Florence J. M. Ruby e Tania Singer. "Letting Go of the Present: Mind-Wandering Is Associated with Reduced Delay Discounting". *Consciousness and Cognition* 22, nº 1, 2013, pp. 1-7.

153 **tornar aquele futuro uma realidade:** Gabriele Oettingen e Bettina Schworer. "Mind Wandering via Mental Contrasting as a Tool for Behavior Change". *Frontiers in Psychology* 4, 2013, p. 562.

153n **com distrações estimulantes:** entrevista de Smallwood.

154 **26% do tempo:** Benjamin Baird, Jonathan Smallwood e Jonathan W. Schooler. "Back to the Future".

154 **ter mais compaixão:** Rebecca L. McMillan, Scott Barry Kaufman e Jerome L. Singer. "Ode to Positive Constructive Daydreaming". *Frontiers in Psychology* 4, 2013, p. 626.

160 **de forma mais expansiva:** Jonathan Smallwood et al. "Shifting Moods, Wandering Minds: Negative Moods Lead the Mind to Wander". *Emotion* 9, nº 2, 2009, pp. 271-276.

161 **ao passado negativo:** Benjamin Baird, Jonathan Smallwood e Jonathan W. Schooler. "Back to the Future".

161 **aumenta ainda mais:** Jonathan Schooler, entrevista com o autor, 28 nov. 2017; Jonathan Smallwood, Louise Nind e Rory C. O'Connor. "When Is Your Head At? An Exploration of the Factors Associated with the Temporal Focus of the Wandering Mind". *Consciousness and Cognition* 18, nº 1, 2009, pp. 118-125.

161 **não fazer nenhuma pausa:** Benjamin W. Mooneyham e Jonathan W. Schooler. "The Costs and Benefits of Mind-Wandering: A Review". *Canadian Journal of Experimental Psychology / Revue canadienne de psychologie*

experimentale 67, nº 1, 2013, 11-18; Benjamin Baird et al. "Inspired by Distraction: Mind Wandering Facilitates Creative Incubation". *Psychological Science* 23, nº 10, 2012, pp. 1117-1122.

161 **mais consciência dos próprios pensamentos:** Paul Seli et al. "Intrusive Thoughts: Linking Spontaneous Mind Wandering and OCD Symptomatology". *Psychological Research* 81, nº 2, 2017, pp. 392-398.

165 **sobre o futuro:** Giorgio Marchetti. "Attention and Working Memory: Two Basic Mechanisms for Constructing Temporal Experiences". *Frontiers in Psychology* 5, 2014, p. 880.

165 **"possíveis eventos futuros":** Daniel L. Schacter, Randy L. Buckner e Donna Rose Addis. "Remembering the Past to Imagine the Future: The Prospective Brain". *Nature Reviews Neuroscience* 8, nº 9, 2007, pp. 657-661.

165 **apenas 5,4 vezes a cada hora:** Schooler et al. "Meta-awareness, Perceptual Decoupling and the Wandering Mind".

165 **"reconhecimento de sua ocorrência":** Ibid.

Capítulo 7: Recarregue sua atenção

172 **o mesmo efeito:** Kenichi Kuriyama et al. "Sleep Accelerates the Improvement in Working Memory Performance". *Journal of Neuroscience* 28, nº 40, 2008, pp. 10145-10150.

173 **de que realmente se gosta:** Jennifer C. McVay, Michael J. Kane e Thomas R. Kwapil. "Tracking the Train of Thought from the Laboratory into Everyday Life: An Experience-Sampling Study of Mind Wandering Across Controlled and Ecological Contexts". *Psychonomic Bulletin & Review* 16, nº 5, 2009, pp. 857-863; Paul Seli et al. "Increasing Participant Motivation Reduces Rates of Intentional and Unintentional Mind Wandering". *Psychological Research*, 2017, doi:10.1007/s00426-017-0914-2.

173 **ter três características:** John Trougakos e Ivona Hideg. "Momentary Work Recovery: The Role of Within-Day Work Breaks".

In: *Current Perspectives on Job-Stress Recovery*, v. 7, *Research in Occupational Stress and Well-being*, Sabine Sonnentag, Pamela L. Perrewe e Daniel C. Ganster (eds.). West Yorkshire, Reino Unido: Emerald Group, 2009.

174   **retomar o trabalho:** Ibid.

175n   **"acréscimo de 20 mil dólares na renda":** Florence Williams. "This Is Your Brain on Nature". *National Geographic*, jan. 2016.

176   **grandes grupos:** Sophia Dembling. "Introversion and the Energy Equation". *Psychology Today*, nov. 2009.

176   **durante o dia também:** Rhymer Rigby. "Open Plan Offices Are Tough on Introverts". *Financial Times*, out. 2015.

177   **permite que sua mente divague:** Peretz Lavie, Jacob Zomer e Daniel Gopher. "Ultradian Rhythms in Prolonged Human Performance". ARI Research Note 95-30, U.S. Army Research Institute for the Behavioral and Social Sciences, 1995.

178   **período de 52 minutos de trabalho:** Julia Gifford. "The Rule of 52 and 17: It's Random, but It Ups Your Productivity". *The Muse*, sem data.

179   **quando estamos cansados:** Kuriyama et al. "Sleep Accelerates the Improvement in Working Memory Performance".

179   **espaço atencional com frequência menor:** James Hamblin. "How to Sleep". *Atlantic*, jan. 2017.

179   **maior do que de fato é:** Bronwyn Fryer. "Sleep Deficit: The Performance Killer". *Harvard Business Issue*, out. 2006; Paula Alhola e Paivi Polo-Kantola. "Sleep Deprivation: Impact on Cognitive Performance". *Neuropsychiatric Disease and Treatment* 3, nº 5, 2007, p. 553.

179   **do sono dos participantes:** G. William Domhoff e Kieran C. R. Fox. "Dreaming and the Default Network: A Review, Synthesis, and Counterintuitive Research Proposal". *Consciousness and Cognition* 33, 2015, pp. 342-353.

179   **foco disperso turbinado:** Ibid.

179   **durante o dia todo:** Gloria Mark et al. "Sleep Debt in Student Life: Online Attention Focus, Facebook, and Mood". In: *Proceedings of the Thirty-fourth Annual SIGCHI Conference on Human*

Factors in Computing Systems. Nova York: ACM, 2016, pp. 5517-5528, doi:10.1145/2858036.2858437.

180 **meia-noite em média:** Gloria Mark, Yiran Wang e Melissa Niiya. "Stress and Multitasking in Everyday College Life: An Empirical Study of Online Activity". In: *Proceedings of the SIGCHI Conference on Human Factors in Computing Systems.* Nova York: ACM, 2014, pp. 41-50, doi:10.1145/2556288.2557361.

181 **seu foco e sua produtividade também acabam:** John Trougakos e Ivona Hideg. "Momentary Work Recovery".

Capítulo 8: Ligue os pontos

184 **codificado em nossa memória:** J. Glascher et al. "Distributed Neural System for General Intelligence Revealed by Lesion Mapping". *Proceedings of the National Academy of Sciences of the United States of America* 107, nº 10, 2010, pp. 4705-4709.

184n **campo da neurociência:** Randy L. Buckner. "The Serendipitous Discovery of the Brain's Default Network". *Neuroimage* 62, nº 2, 2012, p. 1137.

185 **estudar esse conceito:** E. J. Masicampo e Roy F. Baumeister. "Unfulfilled Goals Interfere with Tasks That Require Executive Functions". *Journal of Experimental Social Psychology* 47, nº 2, 2011, pp. 300-311.

186 **descobrir novas soluções:** Jonathan Smallwood e Jonathan W. Schooler. "The Restless Mind". *Psychological Bulletin* 132, nº 6, 2006, pp. 946-958.

187 **número maior de erros:** Ibid.

188 **"em guardanapos de coquetel":** Jonah Lehrer. "The Eureka Hunt". *New Yorker,* jul. 2008.

191 **na mente deles naquele momento:** S. Dalí. *The Secret Life of Salvador Dali.* London: Vision Press, 1976; David Harrison. "Arousal Syndromes: First Functional Unit Revisited". In: *Brain Asymmetry and Neural Systems.* Cham, Suíça: Springer, 2015.

191   **encontrar uma solução:** Denise J. Cai et al. "REM, Not Incubation, Improves Creativity by Priming Associative Networks". *Proceedings of the National Academy of Sciences of the United States of America* 106, nº 25, 2009, pp. 10130-10134.

192   **pontos (...) que encontrou:** Carl Zimmer. "The Purpose of Sleep? To Forget, Scientists Say". *New York Times*, fev. 2017.

192   **você propositalmente** *desfocar*: Marci S. DeCaro et al. "When Higher Working Memory Capacity Hinders Insight". *Journal of Experimental Psychology: Learning, Memory, and Cognition* 42, nº 1, 2016, pp. 39-49.

193   **no meio de uma frase:** Colleen Seifert et al. "Demystification of Cognitive Insight: Opportunistic Assimilation and the Prepared-Mind Hypothesis". In: *The Nature of Insight*, R. Sternberg e J. Davidson (eds.). Cambridge, MA: MIT Press, 1994.

Capítulo 9: Colete os pontos

196   **eles estão interligados:** Nelson Cowan. "What Are the Differences Between Long-term, Short-term, and Working Memory?" *Progress in Brain Research* 169, 2008, pp. 323-338.

197   **não recuperamos conscientemente:** Annette Bolte e Thomas Goschke. "Intuition in the Context of Object Perception: Intuitive Gestalt Judgments Rest on the Unconscious Activation of Semantic Representations". *Cognition* 108, nº 3, 2008, pp. 608-616.

199   **corroboram o que você sabe:** Elizabeth Kolbert. "Why Facts Don't Change Our Minds". *New Yorker*, fev. 2017.

203   **atividades mais úteis:** "The Cross-Platform Report: A New Connected Community". *Nielsen*, nov. 2012.

207   **Arthur C. Clarke:** "Hazards of Prophecy: The Failure of Imagination". In: *Profiles of the Future: An Enquiry into the Limits of the Possible.* Nova York: Harper & Row, 1962, rev. 1973, pp. 14, 21, 36.

207   **Malcolm Gladwell escreveu:** Malcolm Gladwell. *Fora de série – Outliers.* Trad. Ivo Koritowsky. Rio de Janeiro: Sextante, 2013.

208   **conexões que outros não tinham:** Walter Isaacson. *Einstein: His Life and Universe*. Nova York: Simon & Schuster, 2008, p. 352.

208   **"só sou apaixonadamente curioso":** Walter Isaacson. *Einstein*, p. 548.

208   **teoria da relatividade:** Ibid.

208   **"acabar na prisão":** Ibid., p. 307.

208   **"quanto Mozart praticava":** Daniel Levitin. *A música no seu cérebro: a ciência de uma obsessão humana*. Trad: Clóvis Marques. Rio de Janeiro: Civilização Brasileira, 2010.

208n   **surgirem para ele:** Nick Mojica. "Lin-Manuel Miranda Freestyles Off the Dome During 5 Fingers of Death", revista *XXL*, out. 2017.

210   **entre o hiperfoco e o foco disperso:** John Kounios. *The Eureka Factor: Aha Moments, Creative Insight, and the Brain*. Nova York: Random House, 2015, p. 208.

Capítulo 10: O trabalho conjunto

213   **Em um estudo:** Gabriele Oettingen e Bettina Schwörer. "Mind Wandering via Mental Contrasting as a Tool for Behavior Change". *Frontiers in Psychology* 4, 2013, p. 562; Gabriele Oettingen. "Future Thought and Behaviour Change". *European Review of Social Psychology* 23, nº 1, 2012, pp. 1-63.

214   **em algo comum:** Matthew A. Killingsworth e Daniel T. Gilbert. "A Wandering Mind Is an Unhappy Mind". *Science* 330, nº 6006, 2010, p. 932.

214   **três tipos de pensamento:** Michael S. Franklin et al. "The Silver Lining of a Mind in the Clouds: Interesting Musings Are Associated with Positive Mood While MindWandering". *Frontiers in Psychology* 4, 2013, p. 583.

214   **do modo em que você esteja:** Jonathan Smallwood et al. "Shifting Moods, Wandering Minds: Negative Moods Lead the Mind to Wander". *Emotion* 9, nº 2, 2009, pp. 271-276.

214 **e realizar mais:** F. Gregory Ashby, Alice M. Isen e And U. Turken. "A Neuropsychological Theory of Positive Affect and Its Influence on Cognition". *Psychological Review* 106, nº 3, 1999, pp. 529-550.

214 **do tipo arriscado:** Ibid.

215 **diante de você:** Jonathan Smallwood e Jonathan W. Schooler. "The Science of Mind Wandering: Empirically Navigating the Stream of Consciousness". *Annual Review of Psychology* 66, nº 1, 2015, pp. 487-518.

215 **ocorreram na época:** Jonathan Smallwood e Rory C. O'Connor. "Imprisoned by the Past: Unhappy Moods Lead to a Retrospective Bias to Mind Wandering". *Cognition & Emotion* 25, nº 8, 2011, pp. 1481-1490.

215 **pensar mais neles:** Jonathan W. Schooler, entrevista com o autor, 28 nov. 2017.

215 **"indivíduos depressivos em recuperação":** Jonathan Smallwood e Jonathan W. Schooler. "The Restless Mind". *Psychological Bulletin* 132, nº 6, 2006, pp. 946-958.

216 **estado negativo ou neutro:** Shawn Achor. *O jeito Harvard de ser feliz: o curso mais concorrido de uma das melhores universidades do mundo.* Trad. Cristina Yamagami. São Paulo: Saraiva, 2012.

216 **com que trabalhar:** Karuna Subramaniam et al. "A Brain Mechanism for Facilitation of Insight by Positive Affect". *Journal of Cognitive Neuroscience* 21, nº 3, 2009, pp. 415-432.

216 **respostas dos milhares de participantes:** Matthew A. Killingsworth e Daniel T. Gilbert. "A Wandering Mind Is an Unhappy Mind".

217 **aumentar sua felicidade:** Shawn Achor, "O segredo feliz para trabalhar melhor," TED.com, 2011. Disponível em: <www.ted.com/talks/shawn_achor_the_happy_secret_to_better_work>. Acesso em: 20 jan. 2019.

218 **número de ideias:** Mareike B. Wieth e Rose T. Zacks. "Time of Day Effects on Problem Solving: When the Non-optimal Is Optimal". *Thinking & Reasoning* 17, nº 4, 2011, pp. 387-401.

218 **naturalmente estamos mais cansados:** Ibid.

218-9 envolvidos às sextas-feiras: Gloria Mark et al. "Bored Mondays and Focused Afternoons: The Rhythm of Attention and Online Activity in the Workplace". In: *Proceedings of the SIGCHI Conference on Human Factors in Computing Systems.* Nova York: ACM, 2014, pp. 3025-3034, doi:10.1145/2556288.2557204.

220 bebida no processo: Andrew F. Jarosz et al. "Uncorking the Muse: Alcohol Intoxication Facilitates Creative Problem Solving". *Consciousness and Cognition* 21, nº 1, 2012, pp. 487-493.

220 mente divagou: Michael A. Sayette, Erik D. Reichle e Jonathan W. Schooler. "Lost in the Sauce: The Effects of Alcohol on Mind Wandering". *Psychological Science* 20, nº 6, 2009, pp. 747-752.

220 praticamente qualquer coisa: Andrew F. Jarosz et al. "Uncorking the Muse".

221 um quebra-cabeça: Tom M. McLellan, John A. Caldwell e Harris R. Lieberman. "A Review of Caffeine's Effects on Cognitive, Physical and Occupational Performance". *Neuroscience &Biobehavioral Reviews* 71, 2016, pp. 294-312.

221 desempenho fica prejudicado: Ibid.

222n tecido bucal: McLellan et al. "A Review of Caffeine's Effect".

223 por outras pessoas mais vezes: Laura Dabbish, Gloria Mark e Victor Gonzalez. "Why Do I Keep Interrupting Myself? Environment, Habit and Self-Interruption". In: *Proceedings of the SIGCHI Conference on Human Factors in Computing Systems.* Nova York: ACM, 2011, pp. 3127-3130, doi:10.1145/1978942.1979405; Gloria Mark, Victor Gonzalez e Justin Harris. "No Task Left Behind? Examining the Nature of Fragmented Work". *Proceedings of the SIGCHI Conference on Human Factors in Computing Systems.* Nova York: ACM, 2005, pp. 321-330, doi:10.1145/1054972.1055017.

223 energia para focarmos de novo: Gloria Mark, Victor Gonzalez e Justin Harris. "No Task Left Behind?"

224 diminuíram 30%: R. van Solingen, E. Berghout e F. van Latum. "Interrupts: Just a Minute Never Is," *IEEE Software* 15, nº 5, 1998, pp. 97-103; Edward R. Sykes. "Interruptions in the Workplace: A Case Study to Reduce Their Effects". *International Journal of Information Management* 31, nº 4, 2011, pp. 385-394.

224 **e menos onerosas:** R. van Solingen, E. Berghout e F. van Latum. "Interrupts".

226 **conforme o caso:** Claire M. Zedelius e Jonathan W. Schooler. "Mind Wandering 'Ahas' Versus Mindful Reasoning: Alternative Routes to Creative Solutions". *Frontiers in Psychology* 6, 2015, p. 834.

Sobre o autor

Chris Bailey é especialista em produtividade e autor do *best-seller* internacional *The Productivity Project*, traduzido para 11 idiomas. Chris escreve sobre produtividade no site Alifeofproductivity.com e ministra palestras em organizações no mundo todo abordando como elas podem se tornar mais produtivas sem odiar o processo. Já escreveu centenas de artigos sobre o assunto, o que lhe rendeu cobertura de veículos tão diversos quanto *The New York Times*, *The Wall Street Journal*, *New York Magazine*, *Harvard Business Review*, TED, *Fast Company* e *Lifehacker*. Chris vive em Kingston, Ontário, no Canadá, com sua noiva, Ardyn, e sua tartaruga, Edward.

Para saber mais sobre o autor, acesse:

www.alifeofproductivity.com

Twitter: @_Chris Bailey

Twitter: @ALOProductivity

Ou envie um e-mail para chris@alifeofproductivity.com

Chris Bailey está disponível para participações em palestras e workhops.

Para mais informações, visite www.alifeofproductivity.com/speaking.